Smaki Meksyku Przez Enchilady Tradycyjne i Kreatywne Przepisy na Każdą Okazję

Autentyczne Inspiracje Meksykańskie z Najlepszymi Przepisami na Aromatyczne i Wyraziste Dania

Mateusz Kowalczyk

Materiały chronione prawami autorskimi ©2025

Wszelkie prawa zastrzeżone

Bez odpowiedniej pisemnej zgody wydawcy i właściciela praw autorskich ta książka nie może być używana ani rozpowszechniana w jakikolwiek sposób, w jakiejkolwiek formie lub formie, z wyjątkiem krótkich cytatów użytych w recenzji. Tej książki nie należy traktować jako substytutu porady medycznej, prawnej ani innej profesjonalnej porady.

SPIS TREŚCI

SPIS TREŚCI 3
WSTĘP 8
    Co znajdziesz w tej książce: 8
ENCHILADA Z SEREM 9
    1. Podstawowa enchilada z serem 10
    2. Kremowe Serowe Enchilady 12
    3. Enchiladas ze szpinakiem i serem 14
    4. Enchilada z trzema serami 16
    5. Enchiladas z czarnej fasoli i sera 18
    6. Enchiladas z pieczonymi warzywami i serem 20
    7. Enchiladas z białego sera 22
    8. Enchiladas z wołowiną i serem 24
    9. Enchiladas ze szpinakiem i serem 26
    10. Krewetki i Ser Enchiladas 28
    11. Enchiladas z kurczakiem i serem z sosem Verde 30
    12. Wegetariańska enchiladas z czarnej fasoli i sera 32
ENCHILADA Z WOŁOWINY 34
    13. Podstawowa enchilada z wołowiną 35
    14. Enchiladas z wołowiny i fasoli 37
    15. Pikantne enchilady z wołowiny 39
    16. Enchiladas Wołowy Z Domowym Sosem 41
    17. Enchiladas wołowy z zielonym sosem 43
    18. Wolnowarowa enchilada z wołowiną 45
    19. Enchiladas wołowy z kremowym sosem 47
    20. Enchiladas Wołowy Z Sosem Mole 49
    21. Enchiladas wołowy z sosem chipotle 51

22.	Enchiladas wołowy z sosem pomidorowym	53
23.	Enchiladas wołowy z sosem Ranchero	55
24.	Enchiladas wołowy z zielonym sosem chili	57
25.	Enchiladas wołowy z salsą verde	59
26.	Enchiladas wołowy z Pico de Gallo	61
27.	Enchiladas Wołowy Z Sosem Mole	63
28.	Enchiladas wołowy z sosem chipotle	65

ENCHILADA Z KURCZAKA 67

29.	Podstawowe enchilady z kurczaka	68
30.	Enchiladas Z Kurczaka I Szpinaku	70
31.	Enchiladas Z Zielonego Kurczaka Chile	72
32.	Kremowe Enchilady z Kurczaka	74
33.	Enchiladas z czerwonego kurczaka w Chile	76
34.	pikantne enchilady z kurczaka	78
35.	Serowe Enchilady z Kurczaka	80
36.	Kremowe Enchiladas Z Kurczaka Z Sosem Poblano	82
37.	Enchiladas Z Kurczaka Z Sosem Verde	85
38.	Kremowe enchilady z kurczaka z sosem pomidorowym	87

RYBY I OWOCE MORZA 90

39.	Krewetki Enchiladas	91
40.	Krabowe Enchilady	93
41.	Enchilada z owocami morza	95
42.	Enchilada z łososiem	97
43.	Grillowana Ryba Enchiladas	99
44.	Enchilada z tuńczyka	101
45.	Enchilady Mahi-Mahi	103

ENCHILADA WARZYWNA 106

46.	Enchilada wegetariańska	107
47.	Enchilada ze szpinakiem i grzybami	109

48.	Enchiladas ze słodkich ziemniaków i czarnej fasoli	111
49.	Pieczone Warzywne Enchilady	113
50.	Enchilada z kalafiora	115
51.	Enchiladas z czarnej fasoli i kukurydzy	117
52.	Enchiladas Z Dyni Piżmowej I Szpinaku	119
53.	Enchiladas Z Cukinii I Kukurydzy	121
54.	Enchilada z Grzybami Portobello	123

WEGAŃSKIE ENCHILADA ... 125

55.	Wegańska enchilada z czarnej fasoli i kukurydzy	126
56.	Wegańskie enchilady z ciecierzycy	128
57.	Wegańskie enchilady ze słodkich ziemniaków	130
58.	Wegańskie enchilady ze szpinakiem i tofu	132
59.	Wegańskie Enchilady z Jackfruitem	134
60.	Wegańskie enchilady z soczewicy	136
61.	Wegańskie Enchilady Tempeh	138
62.	Wegańskie enchilady ze słodkich ziemniaków	140
63.	Wegańska Enchilada z Quinoa	142

ENCHILADA OWOCOWA ... 144

64.	Truskawkowe Serowe Enchiladas	145
65.	Enchilada z ananasem	147
66.	Enchilada Jabłkowa	149
67.	Mieszane jagodowe enchilady	151
68.	Brzoskwiniowe Enchilady	153

STRĄCZKOWE I ZIARNA ... 155

69.	Zapiekanka z Enchilada Quinoa	156
70.	Enchiladas ze słodkich ziemniaków i czarnej fasoli	158
71.	Enchilada z czarnej fasoli	160
72.	Mieszane Enchilady Z Fasoli	162

SOSY ... 164

73.	Łatwy czerwony sos enchilada	165
74.	sos z czerwonej enchilady	167
75.	Zielony Sos Enchilada	169
76.	Sos Ancho Chili Enchilada	171
77.	Sos Enchilada z Pieczonych Pomidorów	173
78.	Sos Chipotle Enchilada	175
79.	Kremowy Sos Enchilada	177
80.	Wędzony Sos Enchilada	179
81.	Sos Mole Enchilada	181
82.	Sos Ranchero Enchilada	183
83.	Biały Sos Enchilada	185
84.	Whisky Sos Chipotle Enchilada	187
85.	Wegański sos serowy z orzechami nerkowca	189
86.	świeża salsa pomidorowa	1
87.	Pikantna salsa z mango i czerwonej papryki	2
88.	Salsa Chipotle-Pomidorowa	1
89.	Salsa Ananasowo-Papaja	2
90.	Salsa pomidorowa	2
91.	Salsa Verde	1
92.	Pieczona Czerwona Salsa	1
93.	Sos Pomidorowy Enchilada	3
94.	Sos Pasilla Enchilada	5
95.	Sos Enchilada z trzema papryczkami	7
96.	Sos Ancho Enchilada	9
97.	Sos Guajillo Enchilada	11
98.	Sos Mole Enchilada	13
99.	Sos Salsa Verde Enchilada	15
100.	Zielony Sos Chili Enchilada	17

WNIOSEK 19

WSTĘP

Przenieś się w świat intensywnych smaków, soczystych składników i aromatów, które rozbudzają zmysły. *Smaki Meksyku Przez Enchilady* to wyjątkowy przewodnik po jednej z najpopularniejszych potraw kuchni meksykańskiej – enchiladach.

Książka oferuje **ponad 100 przepisów**, które łączą tradycję z nowoczesnością, pozwalając cieszyć się smakiem klasycznych enchilad oraz odkrywać nowe, oryginalne wariacje. Niezależnie od tego, czy wolisz mięsną wersję z wołowiną i kurczakiem, czy lekkie dania wegetariańskie z warzywami i serem, znajdziesz tutaj przepisy na każdą okazję.

Co znajdziesz w tej książce:

- **Przepisy krok po kroku**: Proste i przejrzyste instrukcje sprawią, że przygotowanie enchilad stanie się przyjemnością nawet dla początkujących kucharzy.
- **Bogactwo smaków i składników**: Nauczysz się tworzyć domowe sosy, dobierać odpowiednie przyprawy i korzystać z tradycyjnych składników kuchni meksykańskiej.
- **Dania na każdą okazję**: Od szybkich obiadów na co dzień po efektowne potrawy na spotkania z przyjaciółmi i rodziną.
- **Kreatywne wariacje**: Poznaj przepisy na enchilady z różnymi rodzajami tortilli, nietypowymi farszami i sosami, które zachwycą Twoich gości.

Z *Smaki Meksyku Przez Enchilady* odkryjesz, jak w łatwy sposób wprowadzić do swojej kuchni odrobinę słońca i pasji z Meksyku. To książka, która inspiruje do eksperymentowania i delektowania się wyrazistymi, pikantnymi i niepowtarzalnymi smakami. Czas na kulinarną podróż pełną niezapomnianych wrażeń!

ENCHILADA Z SEREM

1. <u>**Podstawowa enchilada z serem**</u>

12 tortilli kukurydzianych
3 szklanki startego sera cheddar
1 puszka sosu enchilada
1 pokrojona w kostkę cebula
2 ząbki czosnku
Sól i pieprz do smaku
Rozgrzej piekarnik do 375 ° F. W rondlu podgrzej sos enchilada, cebulę i czosnek na średnim ogniu. Zanurz tortille w sosie i umieść je w naczyniu do pieczenia o wymiarach 9x13 cali. Napełnij każdą tortillę startym serem i zwiń. Wlej pozostały sos na enchiladas i posyp dodatkowym serem. Piec przez 25-30 minut.

2. Kremowe Serowe Enchilady

12 tortilli kukurydzianych
2 szklanki startego sera Monterey Jack
2 łyżki masła
2 łyżki mąki
2 szklanki bulionu drobiowego lub warzywnego
1 szklanka kwaśnej śmietany
Sól i pieprz do smaku

Rozgrzej piekarnik do 375 ° F. Na dużej patelni rozpuść masło na średnim ogniu. Wsyp mąkę i gotuj przez 1 minutę. Stopniowo wlewać bulion, ciągle mieszając. Doprowadzić do wrzenia i gotować 2-3 minuty, aż sos zgęstnieje. Zdjąć z ognia i wymieszać ze śmietaną. Podgrzej tortille w kuchence mikrofalowej przez 30 sekund. Napełnij każdą tortillę garścią sera. Zwinąć ciasno i ułożyć łączeniem do dołu w natłuszczonym naczyniu żaroodpornym. Wlej kremowy sos na wierzch enchiladas. Posypać dodatkowym serem. Przykryj folią i piecz przez 20 minut. Zdjąć folię i piec jeszcze 10-15 minut, aż ser się roztopi i zarumieni.

3. Enchiladas ze szpinakiem i serem

12 tortilli kukurydzianych
2 szklanki startego sera Monterey Jack
1/4 szklanki posiekanej cebuli
2 ząbki czosnku, posiekane
2 łyżki oleju roślinnego
1 opakowanie (10 uncji) mrożonego szpinaku, rozmrożonego i osuszonego
1 puszka (10 uncji) zielonego sosu enchilada
Sól i pieprz do smaku

Rozgrzej piekarnik do 375 ° F. Na dużej patelni rozgrzej olej na średnim ogniu. Dodaj cebulę i czosnek i gotuj, aż cebula będzie miękka, około 5 minut. Dodaj szpinak i gotuj przez 1 minutę. Zdjąć z ognia. Podgrzej tortille w kuchence mikrofalowej przez 30 sekund. Napełnij każdą tortillę garścią sera i łyżką mieszanki szpinaku. Zwinąć ciasno i ułożyć łączeniem do dołu w natłuszczonym naczyniu żaroodpornym. Wlej zielony sos enchilada na wierzch enchiladas. Posypać pozostałym serem. Przykryj folią i piecz przez 20 minut. Zdjąć folię i piec jeszcze 10-15 minut, aż ser się roztopi i zarumieni.

4. Enchilada z trzema serami

12 tortilli kukurydzianych
1 szklanka rozdrobnionego sera cheddar
1 szklanka startego sera Monterey Jack
1 szklanka rozdrobnionego sera mozzarella
1/4 szklanki posiekanej cebuli
2 ząbki czosnku, posiekane
2 łyżki oleju roślinnego
1 puszka (10 uncji) czerwonego sosu enchilada
Sól i pieprz do smaku
Rozgrzej piekarnik do 375 ° F. Na dużej patelni rozgrzej olej na średnim ogniu. Dodaj cebulę i czosnek i gotuj, aż cebula będzie miękka, około 5 minut. Dodaj połowę sosu enchilada i wymieszaj, aby połączyć. Zdjąć z ognia. Podgrzej tortille w kuchence mikrofalowej przez 30 sekund. Wymieszaj trzy rodzaje sera w misce. Napełnij każdą tortillę garścią sera i łyżką mieszanki cebuli. Zwinąć ciasno i ułożyć łączeniem do dołu w natłuszczonym naczyniu żaroodpornym. Wlać pozostały sos enchilada na wierzch enchiladas. Posypać pozostałym serem. Przykryj folią i piecz przez 20 minut. Zdjąć folię i piec jeszcze 10-15 minut, aż ser się roztopi i zarumieni.

5. Enchiladas z czarnej fasoli i sera

12 tortilli kukurydzianych
2 szklanki startego sera cheddar
1 puszka (15 uncji) czarnej fasoli, opłukanej i osuszonej
1/4 szklanki posiekanej cebuli
2 ząbki czosnku, posiekane
2 łyżki oleju roślinnego
1 puszka (10 uncji) czerwonego sosu enchilada
Sól i pieprz do smaku
Rozgrzej piekarnik do 375 ° F. Na dużej patelni rozgrzej olej na średnim ogniu. Dodaj cebulę i czosnek i gotuj, aż cebula będzie miękka, około 5 minut. Dodaj czarną fasolę i gotuj przez 1 minutę. Zdjąć z ognia. Podgrzej tortille w kuchence mikrofalowej przez 30 sekund. Napełnij każdą tortillę garścią sera i łyżką mieszanki z czarnej fasoli. Zwinąć ciasno i ułożyć łączeniem do dołu w natłuszczonym naczyniu żaroodpornym. Wlej czerwony sos enchilada na wierzch enchiladas. Posypać pozostałym serem. Przykryj folią i piecz przez 20 minut. Zdjąć folię i piec jeszcze 10-15 minut, aż ser się roztopi i zarumieni.

6. Enchiladas z pieczonymi warzywami i serem

- 12 tortilli kukurydzianych
- 2 szklanki startego sera Monterey Jack
- 1 czerwona papryka, pokrojona w kostkę
- 1 zielona papryka, pokrojona w kostkę
- 1 cukinia, pokrojona w kostkę
- 1 żółta dynia, pokrojona w kostkę
- 1/4 szklanki posiekanej cebuli
- 2 ząbki czosnku, posiekane
- 2 łyżki oleju roślinnego
- 1 puszka (10 uncji) zielonego sosu enchilada
- Sól i pieprz do smaku

Rozgrzej piekarnik do 375 ° F. Wrzuć pokrojone warzywa w olej i piecz na blasze do pieczenia w temperaturze 400 ° F przez 15-20 minut, aż będą miękkie. Na dużej patelni rozgrzej olej na średnim ogniu. Dodaj cebulę i czosnek i gotuj, aż cebula będzie miękka, około 5 minut. Dodać pieczone warzywa i wymieszać do połączenia. Zdjąć z ognia. Podgrzej tortille w kuchence mikrofalowej przez 30 sekund. Napełnij każdą tortillę garścią sera i łyżką mieszanki warzywnej. Zwinąć ciasno i ułożyć łączeniem do dołu w natłuszczonym naczyniu żaroodpornym. Wlej zielony sos enchilada na wierzch enchiladas. Posypać pozostałym serem. Przykryj folią i piecz przez 20 minut. Zdjąć folię i piec jeszcze 10-15 minut, aż ser się roztopi i zarumieni.

7. Enchiladas z białego sera

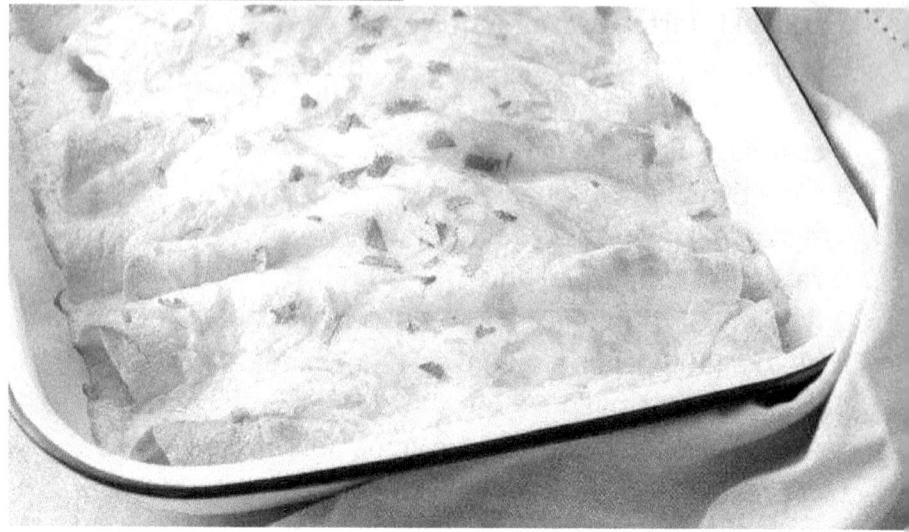

12 tortilli pszennych
2 szklanki startego sera Monterey Jack
2 łyżki masła
2 łyżki mąki
2 szklanki bulionu drobiowego lub warzywnego
1 szklanka kwaśnej śmietany
1 puszka (4 uncje) posiekanych zielonych papryczek chili
Sól i pieprz do smaku

Rozgrzej piekarnik do 375 ° F. Na dużej patelni rozpuść masło na średnim ogniu. Wsyp mąkę i smaż przez 1 minutę, aż zgęstnieje. Stopniowo wlewaj bulion z kurczaka lub warzyw i doprowadzaj do wrzenia. Zmniejsz ogień i gotuj przez 2-3 minuty, aż zgęstnieje. Zdjąć z ognia i wymieszać z kwaśną śmietaną i zielonym chilli. Podgrzej tortille w kuchence mikrofalowej przez 30 sekund. Napełnij każdą tortillę garścią sera. Zwinąć ciasno i ułożyć łączeniem do dołu w natłuszczonym naczyniu żaroodpornym. Wlej biały sos na wierzch enchiladas. Posypać pozostałym serem. Przykryj folią i piecz przez 20 minut. Zdjąć folię i piec jeszcze 10-15 minut, aż ser się roztopi i zarumieni.

8. Enchiladas z wołowiną i serem

- 12 tortilli kukurydzianych
- 2 szklanki startego sera cheddar
- 1 funt mielonej wołowiny
- 1/2 szklanki posiekanej cebuli
- 2 ząbki czosnku, posiekane
- 1 puszka (10 uncji) czerwonego sosu enchilada
- Sól i pieprz do smaku

Rozgrzej piekarnik do 375 ° F. Na dużej patelni gotuj mieloną wołowinę na średnim ogniu, aż się zrumieni. Dodaj cebulę i czosnek i gotuj, aż cebula będzie miękka, około 5 minut. Dodaj sól i pieprz do smaku. Zdjąć z ognia. Podgrzej tortille w kuchence mikrofalowej przez 30 sekund. Napełnij każdą tortillę garścią sera i łyżką mieszanki wołowej. Zwinąć ciasno i ułożyć łączeniem do dołu w natłuszczonym naczyniu żaroodpornym. Wlej czerwony sos enchilada na wierzch enchiladas. Posypać pozostałym serem. Przykryj folią i piecz przez 20 minut. Zdjąć folię i piec jeszcze 10-15 minut, aż ser się roztopi i zarumieni.

9. Enchiladas ze szpinakiem i serem

12 tortilli pszennych
2 szklanki startego sera Monterey Jack
1 opakowanie (10 uncji) mrożonego szpinaku, rozmrożonego i osuszonego
1/4 szklanki posiekanej cebuli
2 ząbki czosnku, posiekane
2 łyżki masła
2 łyżki mąki
2 szklanki bulionu drobiowego lub warzywnego
Sól i pieprz do smaku

Rozgrzej piekarnik do 375 ° F. Na dużej patelni rozpuść masło na średnim ogniu. Wsyp mąkę i gotuj przez 1 minutę. Stopniowo mieszaj bulion, aż będzie gładki. Gotować przez 5-7 minut, ciągle mieszając, aż sos zgęstnieje. Zdjąć z ognia. Dodaj szpinak, cebulę i czosnek na patelnię i wymieszaj, aby połączyć. Podgrzej tortille w kuchence mikrofalowej przez 30 sekund. Napełnij każdą tortillę garścią sera i łyżką mieszanki szpinaku. Zwinąć ciasno i ułożyć łączeniem do dołu w natłuszczonym naczyniu żaroodpornym. Wlej biały sos na wierzch enchiladas. Posypać pozostałym serem. Przykryj folią i piecz przez 20 minut. Zdjąć folię i piec jeszcze 10-15 minut, aż ser się roztopi i zarumieni.

10. Krewetki i Ser Enchiladas

12 tortilli kukurydzianych
2 szklanki startego sera Monterey Jack
1 funt średnich krewetek, obranych i pozbawionych żyłek
1/4 szklanki posiekanej cebuli
2 ząbki czosnku, posiekane
2 łyżki oleju roślinnego
1 puszka (10 uncji) zielonego sosu enchilada
Sól i pieprz do smaku

Rozgrzej piekarnik do 375 ° F. Na dużej patelni rozgrzej olej na średnim ogniu. Dodaj cebulę i czosnek i gotuj, aż cebula będzie miękka, około 5 minut. Dodaj krewetki i gotuj, aż będą różowe, około 3-4 minut. Zdjąć z ognia. Podgrzej tortille w kuchence mikrofalowej przez 30 sekund. Napełnij każdą tortillę garścią sera i łyżką mieszanki krewetkowej. Zwinąć ciasno i ułożyć łączeniem do dołu w natłuszczonym naczyniu żaroodpornym. Wlej zielony sos enchilada na wierzch enchiladas. Posypać pozostałym serem. Przykryj folią i piecz przez 20 minut. Zdjąć folię i piec jeszcze 10-15 minut, aż ser się roztopi i zarumieni.

11. Enchiladas z kurczakiem i serem z sosem Verde

12 tortilli kukurydzianych
2 szklanki startego sera Monterey Jack
2 szklanki ugotowanego i rozdrobnionego kurczaka
1 puszka (10 uncji) zielonego sosu enchilada
1/2 szklanki kwaśnej śmietany
1/4 szklanki posiekanej kolendry
Sól i pieprz do smaku

Rozgrzej piekarnik do 375 ° F. W średniej misce wymieszaj rozdrobnionego kurczaka, kolendrę, śmietanę, sól i pieprz. Podgrzej tortille w kuchence mikrofalowej przez 30 sekund. Napełnij każdą tortillę garścią sera i łyżką mieszanki z kurczakiem. Zwinąć ciasno i ułożyć łączeniem do dołu w natłuszczonym naczyniu żaroodpornym. Wlej zielony sos enchilada na wierzch enchiladas. Posypać pozostałym serem. Przykryj folią i piecz przez 20 minut. Zdjąć folię i piec jeszcze 10-15 minut, aż ser się roztopi i zarumieni.

12. Wegetariańska enchiladas z czarnej fasoli i sera

- 12 tortilli kukurydzianych
- 2 szklanki startego sera Monterey Jack
- 1 puszka (15 uncji) czarnej fasoli, opłukanej i osuszonej
- 1/2 szklanki mrożonej kukurydzy, rozmrożonej
- 1/4 szklanki posiekanej cebuli
- 1 puszka (10 uncji) czerwonego sosu enchilada
- Sól i pieprz do smaku

Rozgrzej piekarnik do 375 ° F. W średniej misce wymieszaj czarną fasolę, kukurydzę, cebulę, sól i pieprz. Podgrzej tortille w kuchence mikrofalowej przez 30 sekund. Napełnij każdą tortillę garścią sera i łyżką mieszanki z czarnej fasoli. Zwinąć ciasno i ułożyć łączeniem do dołu w natłuszczonym naczyniu żaroodpornym. Wlej czerwony sos enchilada na wierzch enchiladas. Posypać pozostałym serem. Przykryj folią i piecz przez 20 minut. Zdjąć folię i piec jeszcze 10-15 minut, aż ser się roztopi i zarumieni.

ENCHILADA Z WOŁOWINY

13. Podstawowa enchilada z wołowiną

1 funt mielonej wołowiny
12 tortilli kukurydzianych
1 puszka sosu enchilada
1 pokrojona w kostkę cebula
2 ząbki czosnku
1 łyżeczka kminku
Sól i pieprz do smaku

Rozgrzej piekarnik do 375 ° F. Na patelni podsmaż wołowinę z cebulą, czosnkiem, kminkiem, solą i pieprzem, aż się zrumieni. W rondelku podgrzej sos enchilada na średnim ogniu. Zanurz tortille w sosie i umieść je w naczyniu do pieczenia o wymiarach 9x13 cali. Napełnij każdą tortillę mieszanką wołową i zwiń. Wlej pozostały sos na enchiladas i piecz przez 25-30 minut.

14. Enchiladas z wołowiny i fasoli

1 funt mielonej wołowiny
1 puszka czarnej fasoli, odsączonej i opłukanej
1 pokrojona w kostkę cebula
2 ząbki czosnku
1 puszka czerwonego sosu enchilada
12 tortilli kukurydzianych
Sól i pieprz do smaku

Rozgrzej piekarnik do 375 ° F. Na patelni podsmaż wołowinę z cebulą, czosnkiem, solą i pieprzem, aż się zrumieni. Dodaj czarną fasolę i dobrze wymieszaj. W rondelku podgrzej sos enchilada na średnim ogniu. Zanurz tortille w sosie i umieść je w naczyniu do pieczenia o wymiarach 9x13 cali. Napełnij każdą tortillę mieszanką wołowiny i fasoli i zwiń. Wlej pozostały sos na enchiladas i piecz przez 25-30 minut.

15. Pikantne enchilady z wołowiny

- 12 tortilli pszennych
- 2 szklanki rozdrobnionego sera pepper jack
- 1 funt mielonej wołowiny
- 1 puszka (10 uncji) sosu enchilada
- 1 puszka (4 uncje) pokrojonych w kostkę zielonych papryczek chilli, odsączonych
- 1 łyżka chili w proszku
- 1/2 łyżeczki kminku
- Sól i pieprz do smaku

Rozgrzej piekarnik do 375 ° F. Na dużej patelni gotuj mieloną wołowinę na średnim ogniu, aż wołowina się zrumieni i ugotuje. Odsączyć nadmiar tłuszczu. Dodaj chili w proszku, kumin, sól i pieprz do smaku. Wmieszaj pokrojone w kostkę zielone chilli. Podgrzej tortille w kuchence mikrofalowej przez 30 sekund. Napełnij każdą tortillę garścią sera i łyżką mieszanki wołowej. Zwinąć ciasno i ułożyć łączeniem do dołu w natłuszczonym naczyniu żaroodpornym. Wlać sos enchilada na wierzch enchiladas. Posypać pozostałym serem. Przykryj folią i piecz przez 20 minut. Zdjąć folię i piec jeszcze 10-15 minut, aż ser się roztopi i zarumieni.

16. Enchiladas Wołowy Z Domowym Sosem

- 12 tortilli kukurydzianych
- 2 szklanki startego sera cheddar
- 1 funt mielonej wołowiny
- 1/2 szklanki posiekanej cebuli
- 2 ząbki czosnku, posiekane
- 1 puszka (14,5 uncji) pokrojonych w kostkę pomidorów
- 1 łyżka chili w proszku
- 1 łyżeczka kminku
- 1 łyżeczka papryki
- 1/2 łyżeczki oregano
- Sól i pieprz do smaku

Rozgrzej piekarnik do 375 ° F. Na dużej patelni gotuj mieloną wołowinę i cebulę na średnim ogniu, aż wołowina się zrumieni i ugotuje. Odsączyć nadmiar tłuszczu. Dodaj czosnek i gotuj przez 1 minutę. Dodaj pokrojone w kostkę pomidory, chili w proszku, kminek, paprykę, oregano, sól i pieprz do smaku. Doprowadzić do wrzenia i gotować przez 10-15 minut, od czasu do czasu mieszając. Podgrzej tortille w kuchence mikrofalowej przez 30 sekund. Napełnij każdą tortillę garścią sera i łyżką mieszanki wołowej. Zwinąć ciasno i ułożyć łączeniem do dołu w natłuszczonym naczyniu żaroodpornym. Wlej domowy sos enchilada na wierzch enchiladas. Posypać pozostałym serem. Przykryj folią i piecz przez 20 minut. Zdjąć folię i piec jeszcze 10-15 minut, aż ser się roztopi i zarumieni.

17. Enchiladas wołowy z zielonym sosem

12 tortilli pszennych
2 szklanki startego sera Monterey Jack
1 funt mielonej wołowiny
1 puszka (10 uncji) zielonego sosu enchilada
1 puszka (4 uncje) pokrojonych w kostkę zielonych papryczek chilli, odsączonych
1/2 łyżeczki kminku
Sól i pieprz do smaku

Rozgrzej piekarnik do 375 ° F. Na dużej patelni gotuj mieloną wołowinę na średnim ogniu, aż wołowina się zrumieni i ugotuje. Odsączyć nadmiar tłuszczu. Dodaj pokrojone w kostkę zielone chilli, kminek, sól i pieprz do smaku. Podgrzej tortille w kuchence mikrofalowej przez 30 sekund. Napełnij każdą tortillę garścią sera i łyżką mieszanki wołowej. Zwinąć ciasno i ułożyć łączeniem do dołu w natłuszczonym naczyniu żaroodpornym. Wlej zielony sos enchilada na wierzch enchiladas. Posypać pozostałym serem. Przykryj folią i piecz przez 20 minut. Zdjąć folię i piec jeszcze 10-15 minut, aż ser się roztopi i zarumieni.

18. Wolnowarowa enchilada z wołowiną

12 tortilli pszennych
2 szklanki startego sera cheddar
2 funty pieczeni z karkówki wołowej
1 puszka (10 uncji) sosu enchilada
1 puszka (4 uncje) pokrojonych w kostkę zielonych papryczek chilli, odsączonych
1 łyżka chili w proszku
1/2 łyżeczki kminku
Sól i pieprz do smaku

Umieść pieczeń wołową w powolnej kuchence. Dodaj sos enchilada, pokrojone w kostkę zielone papryczki chilli, chili w proszku, kminek, sól i pieprz do smaku. Przykryj i gotuj na małym ogniu przez 8-10 godzin lub do momentu, aż wołowina będzie miękka i łatwo się rozpadnie. Rozdrobnij wołowinę widelcem. Rozgrzej piekarnik do 375 ° F. Podgrzej tortille w kuchence mikrofalowej przez 30 sekund. Napełnij każdą tortillę garścią sera i łyżką rozdrobnionej wołowiny. Zwinąć ciasno i ułożyć łączeniem do dołu w natłuszczonym naczyniu żaroodpornym. Wlej pozostały sos z powolnej kuchenki na wierzch enchiladas. Posypać pozostałym serem. Przykryj folią i piecz przez 20 minut. Zdjąć folię i piec jeszcze 10-15 minut, aż ser się roztopi i zarumieni.

19. Enchiladas wołowy z kremowym sosem

12 tortilli pszennych
2 szklanki startego sera Monterey Jack
1 funt mielonej wołowiny
1 puszka (10 uncji) czerwonego sosu enchilada
1 puszka (10,75 uncji) kremowej zupy grzybowej
1/2 szklanki kwaśnej śmietany
Sól i pieprz do smaku

Rozgrzej piekarnik do 375 ° F. Na dużej patelni gotuj mieloną wołowinę na średnim ogniu, aż wołowina się zrumieni i ugotuje. Odsączyć nadmiar tłuszczu. Dodaj sól i pieprz do smaku.
W osobnej misce wymieszaj czerwony sos enchilada, śmietanę z zupy grzybowej i kwaśną śmietanę, aż dobrze się połączą.
Podgrzej tortille w kuchence mikrofalowej przez 30 sekund. Napełnij każdą tortillę garścią sera i łyżką mieszanki wołowej. Zwinąć ciasno i ułożyć łączeniem do dołu w natłuszczonym naczyniu żaroodpornym. Wlać kremowy sos na wierzch enchiladas. Posypać pozostałym serem. Przykryj folią i piecz przez 20 minut. Zdjąć folię i piec jeszcze 10-15 minut, aż ser się roztopi i zarumieni.

20. Enchiladas Wołowy Z Sosem Mole

12 tortilli pszennych
2 szklanki startego sera Monterey Jack
1 funt mielonej wołowiny
1 puszka (10 uncji) czerwonego sosu enchilada
1/4 szklanki sosu molowego
Sól i pieprz do smaku

Rozgrzej piekarnik do 375 ° F. Na dużej patelni gotuj mieloną wołowinę na średnim ogniu, aż wołowina się zrumieni i ugotuje. Odsączyć nadmiar tłuszczu. Dodaj sól i pieprz do smaku. Podgrzej tortille w kuchence mikrofalowej przez 30 sekund. Napełnij każdą tortillę garścią sera i łyżką mieszanki wołowej. Zwinąć ciasno i ułożyć łączeniem do dołu w natłuszczonym naczyniu żaroodpornym. W osobnej misce wymieszaj czerwony sos enchilada i sos molowy, aż dobrze się połączą. Wlać sos na wierzch enchiladas. Posypać pozostałym serem. Przykryj folią i piecz przez 20 minut. Zdjąć folię i piec jeszcze 10-15 minut, aż ser się roztopi i zarumieni.

21. Enchiladas wołowy z sosem chipotle

- 12 tortilli pszennych
- 2 szklanki startego sera cheddar
- 1 funt mielonej wołowiny
- 1 puszka (10 uncji) czerwonego sosu enchilada
- 1 puszka (7 uncji) papryczek chipotle w sosie adobo, posiekana
- Sól i pieprz do smaku

Rozgrzej piekarnik do 375 ° F. Na dużej patelni gotuj mieloną wołowinę na średnim ogniu, aż wołowina się zrumieni i ugotuje. Odsączyć nadmiar tłuszczu. Dodaj sól i pieprz do smaku. Podgrzej tortille w kuchence mikrofalowej przez 30 sekund. Napełnij każdą tortillę garścią sera i łyżką mieszanki wołowej. Zwinąć ciasno i ułożyć łączeniem do dołu w natłuszczonym naczyniu żaroodpornym. W osobnej misce wymieszaj czerwony sos enchilada i posiekane papryczki chipotle w sosie adobo, aż dobrze się połączą. Wlać sos na wierzch enchiladas. Posypać pozostałym serem. Przykryj folią i piecz przez 20 minut. Zdjąć folię i piec jeszcze 10-15 minut, aż ser się roztopi i zarumieni.

22. Enchiladas wołowy z sosem pomidorowym

12 tortilli pszennych
2 szklanki startego sera Monterey Jack
1 funt mielonej wołowiny
1 puszka (10 uncji) czerwonego sosu enchilada
1 puszka (11 uncji) pomidorów, odsączonych i posiekanych
1/4 szklanki posiekanej kolendry
Sól i pieprz do smaku

Rozgrzej piekarnik do 375 ° F. Na dużej patelni gotuj mieloną wołowinę na średnim ogniu, aż wołowina się zrumieni i ugotuje. Odsączyć nadmiar tłuszczu. Dodaj posiekane pomidory, kolendrę, sól i pieprz do smaku. Podgrzej tortille w kuchence mikrofalowej przez 30 sekund. Napełnij każdą tortillę garścią sera i łyżką mieszanki wołowej. Zwinąć ciasno i ułożyć łączeniem do dołu w natłuszczonym naczyniu żaroodpornym. W osobnej misce wymieszaj czerwony sos enchilada i posiekane pomidory, aż dobrze się połączą. Wlać sos na wierzch enchiladas. Posypać pozostałym serem. Przykryj folią i piecz przez 20 minut. Zdjąć folię i piec jeszcze 10-15 minut, aż ser się roztopi i zarumieni.

23. Enchiladas wołowy z sosem Ranchero

- 12 tortilli pszennych
- 2 szklanki startego sera cheddar
- 1 funt mielonej wołowiny
- 1 puszka (10 uncji) czerwonego sosu enchilada
- 1 puszka (14,5 uncji) pokrojonych w kostkę pomidorów, odsączonych
- 1/4 szklanki posiekanej cebuli
- 1 łyżka posiekanego czosnku
- Sól i pieprz do smaku

Rozgrzej piekarnik do 375 ° F. Na dużej patelni gotuj mieloną wołowinę na średnim ogniu, aż wołowina się zrumieni i ugotuje. Odsączyć nadmiar tłuszczu. Dodaj pokrojone w kostkę pomidory, posiekaną cebulę, posiekany czosnek, sól i pieprz do smaku. Podgrzej tortille w kuchence mikrofalowej przez 30 sekund. Napełnij każdą tortillę garścią sera i łyżką mieszanki wołowej. Zwinąć ciasno i ułożyć łączeniem do dołu w natłuszczonym naczyniu żaroodpornym. W osobnej misce wymieszaj czerwony sos enchilada i pokrojone w kostkę pomidory, aż dobrze się połączą. Wlać sos na wierzch enchiladas. Posypać pozostałym serem. Przykryj folią i piecz przez 20 minut. Zdjąć folię i piec jeszcze 10-15 minut, aż ser się roztopi i zarumieni.

24. Enchiladas wołowy z zielonym sosem chili

- 12 tortilli pszennych
- 2 szklanki startego sera Monterey Jack
- 1 funt mielonej wołowiny
- 1 puszka (10 uncji) czerwonego sosu enchilada
- 1 puszka (4 uncje) posiekanych zielonych papryczek chili
- Sól i pieprz do smaku

Rozgrzej piekarnik do 375 ° F. Na dużej patelni gotuj mieloną wołowinę na średnim ogniu, aż wołowina się zrumieni i ugotuje. Odsączyć nadmiar tłuszczu. Dodaj posiekane zielone chilli, sól i pieprz do smaku. Podgrzej tortille w kuchence mikrofalowej przez 30 sekund. Napełnij każdą tortillę garścią sera i łyżką mieszanki wołowej. Zwinąć ciasno i ułożyć łączeniem do dołu w natłuszczonym naczyniu żaroodpornym. W osobnej misce wymieszaj czerwony sos enchilada i posiekane zielone papryczki chilli, aż dobrze się połączą. Wlać sos na wierzch enchiladas. Posypać pozostałym serem. Przykryj folią i piecz przez 20 minut. Zdjąć folię i piec jeszcze 10-15 minut, aż ser się roztopi i zarumieni.

25. Enchiladas wołowy z salsą verde

12 tortilli pszennych
2 szklanki startego sera cheddar
1 funt mielonej wołowiny
1 słoik (16 uncji) salsy verde
Sól i pieprz do smaku

Rozgrzej piekarnik do 375 ° F. Na dużej patelni gotuj mieloną wołowinę na średnim ogniu, aż wołowina się zrumieni i ugotuje. Odsączyć nadmiar tłuszczu. Dodaj sól i pieprz do smaku. Podgrzej tortille w kuchence mikrofalowej przez 30 sekund. Napełnij każdą tortillę garścią sera i łyżką mieszanki wołowej. Zwinąć ciasno i ułożyć łączeniem do dołu w natłuszczonym naczyniu żaroodpornym. Wlej salsę verde na wierzch enchiladas. Posypać pozostałym serem. Przykryj folią i piecz przez 20 minut. Zdjąć folię i piec jeszcze 10-15 minut, aż ser się roztopi i zarumieni.

26. Enchiladas wołowy z Pico de Gallo

12 tortilli pszennych
2 kubki
tarty ser Monterey Jack
1 funt mielonej wołowiny
1 puszka (10 uncji) czerwonego sosu enchilada
1 szklanka domowego lub kupionego pico de gallo

Rozgrzej piekarnik do 375 ° F. Na dużej patelni gotuj mieloną wołowinę na średnim ogniu, aż wołowina się zrumieni i ugotuje. Odsączyć nadmiar tłuszczu. Podgrzej tortille w kuchence mikrofalowej przez 30 sekund. Napełnij każdą tortillę garścią sera i łyżką mieszanki wołowej. Zwinąć ciasno i ułożyć łączeniem do dołu w natłuszczonym naczyniu żaroodpornym. Wlać sos enchilada na wierzch enchiladas. Łyżka pico de gallo na wierzchu sosu enchilada. Posypać pozostałym serem. Przykryj folią i piecz przez 20 minut. Zdjąć folię i piec jeszcze 10-15 minut, aż ser się roztopi i zarumieni.

27. Enchiladas Wołowy Z Sosem Mole

- 12 tortilli pszennych
- 2 szklanki startego sera cheddar
- 1 funt mielonej wołowiny
- 1 puszka (10 uncji) czerwonego sosu enchilada
- 1/2 szklanki domowego lub kupionego w sklepie sosu molowego

Rozgrzej piekarnik do 375 ° F. Na dużej patelni gotuj mieloną wołowinę na średnim ogniu, aż wołowina się zrumieni i ugotuje. Odsączyć nadmiar tłuszczu. Podgrzej tortille w kuchence mikrofalowej przez 30 sekund. Napełnij każdą tortillę garścią sera i łyżką mieszanki wołowej. Zwinąć ciasno i ułożyć łączeniem do dołu w natłuszczonym naczyniu żaroodpornym. Wlać sos enchilada na wierzch enchiladas. Łyżka sosu molowego na wierzchu sosu enchilada. Posypać pozostałym serem. Przykryj folią i piecz przez 20 minut. Zdjąć folię i piec jeszcze 10-15 minut, aż ser się roztopi i zarumieni.

28. Enchiladas wołowy z sosem chipotle

12 tortilli pszennych
2 szklanki startego sera Monterey Jack
1 funt mielonej wołowiny
1 puszka (10 uncji) czerwonego sosu enchilada
2 łyżki posiekanych papryczek chipotle w sosie adobo

Rozgrzej piekarnik do 375 ° F. Na dużej patelni gotuj mieloną wołowinę na średnim ogniu, aż wołowina się zrumieni i ugotuje. Odsączyć nadmiar tłuszczu. Podgrzej tortille w kuchence mikrofalowej przez 30 sekund. Napełnij każdą tortillę garścią sera i łyżką mieszanki wołowej. Zwinąć ciasno i ułożyć łączeniem do dołu w natłuszczonym naczyniu żaroodpornym. W osobnej misce wymieszaj czerwony sos enchilada i posiekane papryczki chipotle, aż dobrze się połączą. Wlać sos na wierzch enchiladas. Posypać pozostałym serem. Przykryj folią i piecz przez 20 minut. Zdjąć folię i piec jeszcze 10-15 minut, aż ser się roztopi i zarumieni.

ENCHILADA Z KURCZAKA

29. Podstawowe enchilady z kurczaka

1 funt gotowanego i rozdrobnionego kurczaka
12 tortilli kukurydzianych
1 puszka zielonego sosu enchilada
1 pokrojona w kostkę cebula
2 ząbki czosnku
1 łyżeczka kminku
Sól i pieprz do smaku

Rozgrzej piekarnik do 375 ° F. W rondlu podgrzej sos enchilada, cebulę, czosnek, kminek, sól i pieprz na średnim ogniu. Zanurz tortille w sosie i umieść je w naczyniu do pieczenia o wymiarach 9x13 cali. Każdą tortillę napełnij kurczakiem i zwiń. Wlej pozostały sos na enchiladas i piecz przez 25-30 minut.

30. Enchiladas Z Kurczaka I Szpinaku

- 1 funt gotowanego i rozdrobnionego kurczaka
- 2 szklanki świeżego szpinaku, posiekanego
- 1 pokrojona w kostkę cebula
- 2 ząbki czosnku
- 1 puszka zielonego sosu enchilada
- 12 tortilli kukurydzianych
- Sól i pieprz do smaku

Rozgrzej piekarnik do 375 ° F. Na patelni podsmaż cebulę i czosnek, aż zmiękną. Dodaj szpinak i gotuj, aż zwiędnie. Dodaj pokrojonego kurczaka i dopraw solą i pieprzem. W rondelku podgrzej sos enchilada na średnim ogniu. Zanurz tortille w sosie i umieść je w naczyniu do pieczenia o wymiarach 9x13 cali. Napełnij każdą tortillę mieszanką kurczaka i szpinaku i zwiń. Wlej pozostały sos na enchiladas i piecz przez 25-30 minut.

31. Enchiladas Z Zielonego Kurczaka Chile

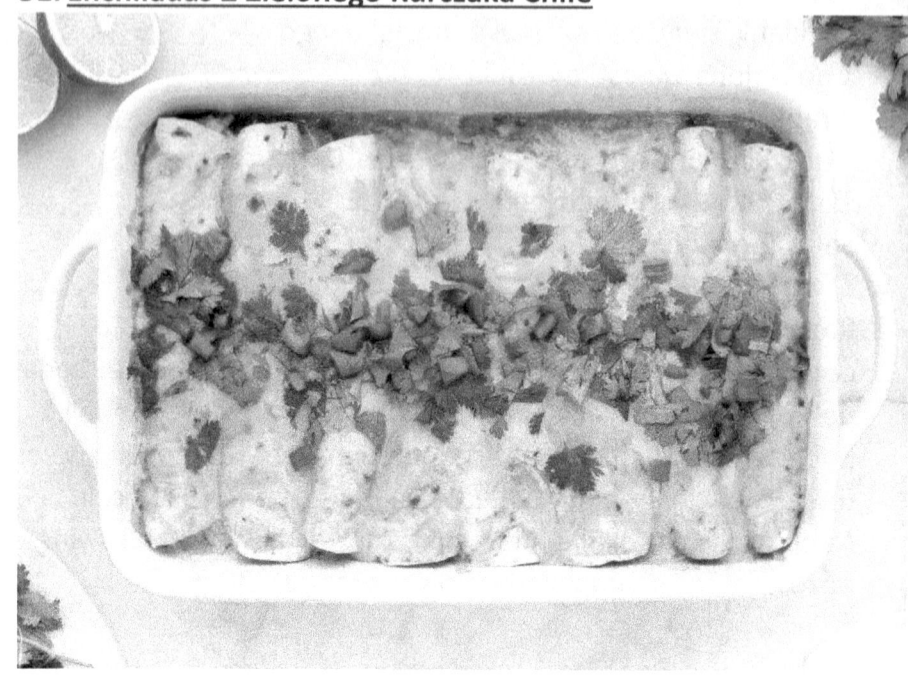

Składniki:

2 funty. piersi z kurczaka bez kości, bez skóry
1 puszka (14 uncji) zielonego sosu enchilada
1 puszka (4 uncje) pokrojonych w kostkę zielonych papryczek chilli
2 szklanki startego sera Monterey Jack
10-12 tortilli kukurydzianych
Sól i pieprz do smaku

Instrukcje:

Rozgrzej piekarnik do 375 ° F.
Dopraw kurczaka solą i pieprzem, a następnie smaż na dużej patelni na średnim ogniu, aż się zrumieni i ugotuje.
Rozdrobnij kurczaka i odłóż na bok.
W dużej misce wymieszaj zielony sos enchilada i pokrojone w kostkę zielone papryczki chilli.
W osobnej misce wymieszaj posiekanego kurczaka i 1 szklankę startego sera.
Podgrzej tortille w kuchence mikrofalowej lub na patelni, aż będą miękkie i giętkie.
Umieść obfitą łyżkę mieszanki z kurczakiem na każdej tortilli i zwiń ciasno.
Umieść zwinięte tortille łączeniem do dołu w naczyniu do pieczenia o wymiarach 9x13 cali.
Wlej mieszankę zielonego sosu na wierzch enchiladas i posyp pozostałym startym serem.
Piec w nagrzanym piekarniku przez 20-25 minut lub do momentu, aż ser się roztopi i zarumieni.

32. Kremowe Enchilady z Kurczaka

Składniki:

2 funty. piersi z kurczaka bez kości, bez skóry
1 puszka (10 uncji) kremu z rosołu
1 puszka (4 uncje) pokrojonych w kostkę zielonych papryczek chilli
1/2 szklanki kwaśnej śmietany
2 szklanki startego sera Monterey Jack
10-12 tortilli pszennych
Sól i pieprz do smaku

Instrukcje:

Rozgrzej piekarnik do 375 ° F.
Dopraw kurczaka solą i pieprzem, a następnie smaż na dużej patelni na średnim ogniu, aż się zrumieni i ugotuje.
Rozdrobnij kurczaka i odłóż na bok.
W dużej misce wymieszaj śmietanę z rosołu, pokrojone w kostkę zielone papryczki chilli i kwaśną śmietanę.
W osobnej misce wymieszaj posiekanego kurczaka i 1 szklankę startego sera.
6. Podgrzej tortille w kuchence mikrofalowej lub na patelni grillowej, aż będą miękkie i elastyczne.

Umieść obfitą łyżkę mieszanki z kurczakiem na każdej tortilli i zwiń ciasno.
Umieść zwinięte tortille łączeniem do dołu w naczyniu do pieczenia o wymiarach 9x13 cali.
Wlać mieszaninę kremowego sosu na wierzch enchiladas i posypać pozostałym startym serem.
Piec w nagrzanym piekarniku przez 20-25 minut lub do momentu, aż ser się roztopi i zarumieni.

33. Enchiladas z czerwonego kurczaka w Chile

Składniki:

2 funty. piersi z kurczaka bez kości, bez skóry
2 szklanki czerwonego sosu enchilada
1 puszka (4 uncje) pokrojonych w kostkę zielonych papryczek chilli
2 szklanki startego sera cheddar
10-12 tortilli kukurydzianych
Sól i pieprz do smaku

Instrukcje:

Rozgrzej piekarnik do 375 ° F.
Dopraw kurczaka solą i pieprzem, a następnie smaż na dużej patelni na średnim ogniu, aż się zrumieni i ugotuje.
Rozdrobnij kurczaka i odłóż na bok.
W dużej misce wymieszaj czerwony sos enchilada i pokrojone w kostkę zielone papryczki chilli.
W osobnej misce wymieszaj posiekanego kurczaka i 1 szklankę startego sera.
Podgrzej tortille w kuchence mikrofalowej lub na patelni, aż będą miękkie i giętkie.
Umieść obfitą łyżkę mieszanki z kurczakiem na każdej tortilli i zwiń ciasno.
Umieść zwinięte tortille łączeniem do dołu w naczyniu do pieczenia o wymiarach 9x13 cali.
Wlać mieszaninę czerwonego sosu na wierzch enchiladas i posypać pozostałym startym serem.
Piec w nagrzanym piekarniku przez 20-25 minut lub do momentu, aż ser się roztopi i zarumieni.

34. pikantne enchilady z kurczaka

Składniki:

2 funty. piersi z kurczaka bez kości, bez skóry
1 puszka (10 uncji) pokrojonych w kostkę pomidorów i zielonych papryczek chili
1 puszka (4 uncje) pokrojonych w kostkę papryczek jalapeno
2 szklanki rozdrobnionego sera pepper jack
10-12 tortilli kukurydzianych
Sól i pieprz do smaku

Instrukcje:

Rozgrzej piekarnik do 375 ° F.
Dopraw kurczaka solą i pieprzem, a następnie smaż na dużej patelni na średnim ogniu, aż się zrumieni i ugotuje.
Rozdrobnij kurczaka i odłóż na bok.
W dużej misce wymieszaj pokrojone w kostkę pomidory i zielone papryczki chilli oraz pokrojone w kostkę papryczki jalapeno.
W osobnej misce wymieszaj posiekanego kurczaka i 1 szklankę startego sera.
Podgrzej tortille w kuchence mikrofalowej lub na patelni, aż będą miękkie i giętkie.
Umieść obfitą łyżkę mieszanki z kurczakiem na każdej tortilli i zwiń ciasno.
Umieść zwinięte tortille łączeniem do dołu w naczyniu do pieczenia o wymiarach 9x13 cali.
Wlej mieszaninę pomidorów i papryczek jalapeño na górę enchiladas i posyp pozostałym startym serem.
Piec w nagrzanym piekarniku przez 20-25 minut lub do momentu, aż ser się roztopi i zarumieni.

35. Serowe Enchilady z Kurczaka

Składniki:

2 funty. piersi z kurczaka bez kości, bez skóry
2 szklanki startego sera cheddar
1 puszka (4 uncje) pokrojonych w kostkę zielonych papryczek chilli
1/2 szklanki salsy
10-12 tortilli pszennych
Sól i pieprz do smaku

Instrukcje:

Rozgrzej piekarnik do 375 ° F.
Dopraw kurczaka solą i pieprzem, a następnie smaż na dużej patelni na średnim ogniu, aż się zrumieni i ugotuje.
Rozdrobnij kurczaka i odłóż na bok.
W dużej misce wymieszaj starty ser, pokrojone w kostkę zielone papryczki chilli i salsę.
W osobnej misce wymieszaj posiekanego kurczaka.
Podgrzej tortille w kuchence mikrofalowej lub na patelni, aż będą miękkie i giętkie.
Umieść obfitą łyżkę mieszanki z kurczakiem na każdej tortilli i zwiń ciasno.
Umieść zwinięte tortille łączeniem do dołu w naczyniu do pieczenia o wymiarach 9x13 cali.
Wlać mieszankę serową na wierzch enchiladas.
Piec w nagrzanym piekarniku przez 20-25 minut lub do momentu, aż ser się roztopi i zarumieni.

36. Kremowe Enchiladas Z Kurczaka Z Sosem Poblano

Składniki:

2 funty. piersi z kurczaka bez kości, bez skóry
1/2 szklanki gęstej śmietany
1/4 szklanki kwaśnej śmietany
1 puszka (4 uncje) pokrojonych w kostkę zielonych papryczek chilli
2 szklanki startego sera Monterey Jack
10-12 tortilli kukurydzianych
Sól i pieprz do smaku
Sos Poblano:

2 duże papryczki poblano
1/2 cebuli, posiekanej
2 ząbki czosnku, posiekane
1/2 szklanki bulionu z kurczaka
1/2 szklanki gęstej śmietany
Sól i pieprz do smaku
Instrukcje:

Rozgrzej piekarnik do 375 ° F.
Dopraw kurczaka solą i pieprzem, a następnie smaż na dużej patelni na średnim ogniu, aż się zrumieni i ugotuje.
Rozdrobnij kurczaka i odłóż na bok.
W dużej misce wymieszaj ciężką śmietanę, kwaśną śmietanę, pokrojone w kostkę zielone papryczki chilli i 1 szklankę rozdrobnionego sera Monterey Jack.
W osobnej misce wymieszaj posiekanego kurczaka.
Podgrzej tortille w kuchence mikrofalowej lub na patelni, aż będą miękkie i giętkie.
Umieść obfitą łyżkę mieszanki z kurczakiem na każdej tortilli i zwiń ciasno.
Umieść zwinięte tortille łączeniem do dołu w naczyniu do pieczenia o wymiarach 9x13 cali.
Wlać mieszaninę kremowego sosu na wierzch enchiladas i posypać pozostałym startym serem.

Piec w nagrzanym piekarniku przez 20-25 minut lub do momentu, aż ser się roztopi i zarumieni.

Sos Poblano:

Piecz papryczki poblano nad otwartym ogniem lub pod brojlerem, aż skórka będzie zwęglona i pokryta pęcherzami.
Zdjąć z ognia i umieścić w plastikowej torbie na 10-15 minut, aby odparować.
Usuń skórkę, łodygę i nasiona z papryki i posiekaj miąższ.
W dużym rondlu podsmaż cebulę i czosnek, aż zmiękną.
Dodaj posiekane poblano, bulion z kurczaka i ciężką śmietanę do rondla i gotuj na wolnym ogniu przez 10-15 minut.
Doprawiamy solą i pieprzem do smaku.
Sosem polać enchilady przed podaniem.

37. Enchiladas Z Kurczaka Z Sosem Verde

Składniki:

2 funty. piersi z kurczaka bez kości, bez skóry
2 szklanki startego sera Monterey Jack
1 puszka (4 uncje) pokrojonych w kostkę zielonych papryczek chilli
1 słoik (16 uncji) salsy verde
10-12 tortilli kukurydzianych
Sól i pieprz do smaku

Instrukcje:

Rozgrzej piekarnik do 375 ° F.
2. Dopraw kurczaka solą i pieprzem, a następnie smaż na dużej patelni na średnim ogniu, aż się zrumieni i ugotuje.

Rozdrobnij kurczaka i odłóż na bok.
W dużej misce wymieszaj starty ser, pokrojone w kostkę zielone papryczki chilli i 1/2 szklanki salsy verde.
W osobnej misce wymieszaj posiekanego kurczaka.
Podgrzej tortille w kuchence mikrofalowej lub na patelni, aż będą miękkie i giętkie.
Umieść obfitą łyżkę mieszanki z kurczakiem na każdej tortilli i zwiń ciasno.
Umieść zwinięte tortille łączeniem do dołu w naczyniu do pieczenia o wymiarach 9x13 cali.
Wlej pozostałą salsę verde na wierzch enchiladas.
Piec w nagrzanym piekarniku przez 20-25 minut lub do momentu, aż ser się roztopi i zarumieni.

38. Kremowe enchilady z kurczaka z sosem pomidorowym

Składniki:

2 funty. piersi z kurczaka bez kości, bez skóry
1/2 szklanki gęstej śmietany
1/4 szklanki kwaśnej śmietany
1 puszka (4 uncje) pokrojonych w kostkę zielonych papryczek chilli
2 szklanki startego sera Monterey Jack
10-12 tortilli kukurydzianych
Sól i pieprz do smaku
Sos Pomidorowy:

8 pomidorów, obranych i opłukanych
1/2 cebuli, posiekanej
2 ząbki czosnku, posiekane
1/2 szklanki bulionu z kurczaka
1/2 szklanki gęstej śmietany
Sól i pieprz do smaku
Instrukcje:

Rozgrzej piekarnik do 375 ° F.
Dopraw kurczaka solą i pieprzem, a następnie smaż na dużej patelni na średnim ogniu, aż się zrumieni i ugotuje.
Rozdrobnij kurczaka i odłóż na bok.
W dużej misce wymieszaj ciężką śmietanę, kwaśną śmietanę, pokrojone w kostkę zielone papryczki chilli i 1 szklankę rozdrobnionego sera Monterey Jack.
W osobnej misce wymieszaj posiekanego kurczaka.
Podgrzej tortille w kuchence mikrofalowej lub na patelni, aż będą miękkie i giętkie.
Umieść obfitą łyżkę mieszanki z kurczakiem na każdej tortilli i zwiń ciasno.
Umieść zwinięte tortille łączeniem do dołu w naczyniu do pieczenia o wymiarach 9x13 cali.
Wlać mieszaninę kremowego sosu na wierzch enchiladas i posypać pozostałym startym serem.

Piec w nagrzanym piekarniku przez 20-25 minut lub do momentu, aż ser się roztopi i zarumieni.
Na sos pomidorowy:

Rozgrzej brojler.
Połóż pomidory na blasze do pieczenia i piecz przez 5-7 minut lub do momentu, gdy skórka się zwęgli i pojawią się pęcherze.
Zdjąć z ognia i ostudzić.
W blenderze lub robocie kuchennym zmiksuj pomidory, cebulę, czosnek, bulion z kurczaka i gęstą śmietanę na gładką masę.
Doprawiamy solą i pieprzem do smaku.
Sosem polać enchilady przed podaniem.

RYBY I OWOCE MORZA

39. Krewetki Enchiladas

1 funt gotowanych i posiekanych krewetek
12 tortilli kukurydzianych
1 puszka czerwonego sosu enchilada
1 pokrojona w kostkę cebula
2 ząbki czosnku
1 łyżeczka kminku
Sól i pieprz do smaku

Rozgrzej piekarnik do 375 ° F. W rondlu podgrzej sos enchilada, cebulę, czosnek, kminek, sól i pieprz na średnim ogniu. Zanurz tortille w sosie i umieść je w naczyniu do pieczenia o wymiarach 9x13 cali. Każdą tortillę napełnij krewetkami i zwiń. Wlej pozostały sos na enchiladas i piecz przez 25-30 minut.

40. Krabowe Enchilady

Składniki:

1 funt mięsa kraba, zebranego na muszle
2 szklanki startego sera Monterey Jack
1 puszka (4 uncje) pokrojonych w kostkę zielonych papryczek chilli
1 słoik (16 uncji) salsy
10-12 tortilli kukurydzianych
Sól i pieprz do smaku

Instrukcje:

Rozgrzej piekarnik do 375 ° F.
W dużej misce wymieszaj mięso kraba, posiekany ser, pokrojone w kostkę zielone papryczki chilli i 1/2 szklanki salsy.
Podgrzej tortille w kuchence mikrofalowej lub na patelni, aż będą miękkie i giętkie.
Umieść obfitą łyżkę mieszanki mięsa krabów na każdej tortilli i zwiń ciasno.
Umieść zwinięte tortille łączeniem do dołu w naczyniu do pieczenia o wymiarach 9x13 cali.
Wlej pozostałą salsę na wierzch enchiladas.
Piec w nagrzanym piekarniku przez 20-25 minut lub do momentu, aż ser się roztopi i zarumieni.

41. Enchilada z owocami morza

Składniki:
1 funt gotowanych krewetek, obranych i pozbawionych żyłek
1 funt gotowanego mięsa kraba, rozdrobnionego
1 puszka (4 uncje) pokrojonych w kostkę zielonych papryczek chilli
1/2 szklanki posiekanej cebuli
2 ząbki czosnku, posiekane
1 łyżeczka. mielony kminek
1 łyżeczka. chili w proszku
1 łyżeczka. suszone oregano
1 puszka (10 uncji) sosu enchilada
10-12 tortilli kukurydzianych
1 szklanka startego sera Monterey Jack
1/4 szklanki posiekanej świeżej kolendry
Sól i pieprz do smaku
Opcjonalne dodatki: pokrojone w kostkę awokado, plastry jalapenos, kwaśna śmietana, ćwiartki limonki
Instrukcje: Rozgrzej piekarnik do 375 ° F.
W dużej misce wymieszaj ugotowane krewetki, ugotowane mięso kraba, pokrojone w kostkę zielone papryczki chilli, posiekaną cebulę, posiekany czosnek, kminek, chili w proszku i oregano. Doprawiamy solą i pieprzem do smaku.
Podgrzej tortille w kuchence mikrofalowej lub na patelni, aż będą miękkie i giętkie.
Rozłóż niewielką ilość sosu enchilada na dnie naczynia do pieczenia o wymiarach 9x13 cali.
Umieść obfitą łyżkę mieszanki owoców morza na każdej tortilli i zwiń ciasno.
Umieść zwinięte tortille łączeniem do dołu w naczyniu do zapiekania.
Wlać pozostały sos enchilada na wierzch enchiladas.
Posyp tartym serem wierzch enchiladas.
Piec w nagrzanym piekarniku przez 20-25 minut lub do momentu, aż ser się roztopi i zarumieni.
Posyp posiekaną kolendrą wierzch enchiladas.
Podawaj na gorąco z opcjonalnymi dodatkami, jeśli chcesz.

42. Enchilada z łososiem

Składniki:

1 funt gotowanego łososia w płatkach
1 puszka (4 uncje) pokrojonych w kostkę zielonych papryczek chilli
1/2 szklanki posiekanej czerwonej cebuli
2 ząbki czosnku, posiekane
1 łyżeczka. mielony kminek
1 łyżeczka. chili w proszku
Sól i pieprz do smaku
10-12 tortilli kukurydzianych
1 puszka (10 uncji) sosu enchilada
1 szklanka startego sera Monterey Jack
Świeża kolendra, posiekana

Instrukcje:

Rozgrzej piekarnik do 375 ° F.
W dużej misce wymieszaj płatki łososia, pokrojone w kostkę zielone papryczki chilli, posiekaną czerwoną cebulę, posiekany czosnek, kminek, chili w proszku oraz sól i pieprz do smaku.
Podgrzej tortille w kuchence mikrofalowej lub na patelni, aż będą miękkie i giętkie.
Rozłóż niewielką ilość sosu enchilada na dnie naczynia do pieczenia o wymiarach 9x13 cali.
Umieść obfitą łyżkę mieszanki łososia na każdej tortilli i zwiń ciasno.
Umieść zwinięte tortille łączeniem do dołu w naczyniu do zapiekania.
Wlać pozostały sos enchilada na wierzch enchiladas.
Posyp tartym serem wierzch enchiladas.
Piec w nagrzanym piekarniku przez 20-25 minut lub do momentu, aż ser się roztopi i zarumieni.
Udekoruj świeżą kolendrą i podawaj na gorąco.

43. Grillowana Ryba Enchiladas

Składniki:
1 funt filetów z białej ryby, takiej jak tilapia lub dorsz
1 czerwona cebula, pokrojona w plasterki
1 czerwona papryka, pokrojona w plasterki
1 żółta papryka pokrojona w plasterki
1 łyżeczka. chili w proszku
1 łyżeczka. mielony kminek
Sól i pieprz do smaku
10-12 tortilli kukurydzianych
1 puszka (10 uncji) sosu enchilada
1 szklanka startego sera Monterey Jack
Świeża kolendra, posiekana

Instrukcje:
Rozgrzej grill lub patelnię grillową do średniej temperatury.
Filety rybne doprawiamy chili w proszku, kminkiem, solą i pieprzem.
Grilluj rybę przez 5-6 minut z każdej strony lub do momentu, aż będzie ugotowana.
Zdejmij rybę z grilla i pozwól jej lekko ostygnąć. Pokrój rybę na małe kawałki.
W dużej misce wymieszaj płatki rybne, pokrojoną w plasterki czerwoną cebulę, pokrojoną w plasterki czerwoną paprykę i pokrojoną w plasterki żółtą paprykę.
Podgrzej tortille w kuchence mikrofalowej lub na patelni, aż będą miękkie i giętkie.
Rozłóż niewielką ilość sosu enchilada na dnie naczynia do pieczenia o wymiarach 9x13 cali.
Umieść obfitą łyżkę mieszanki rybnej na każdej tortilli i zwiń ciasno.
Umieść zwinięte tortille łączeniem do dołu w naczyniu do zapiekania.
Wlać pozostały sos enchilada na wierzch enchiladas.
Posyp tartym serem wierzch enchiladas.
Piec w nagrzanym piekarniku w temperaturze 375 ° F przez 20-25 minut lub do momentu, aż ser się roztopi i zacznie bulgotać.
Udekoruj świeżą kolendrą i podawaj na gorąco.

44. Enchilada z tuńczyka

Składniki:

2 puszki (po 5 uncji każda) tuńczyka z puszki, odsączone
1 puszka (4 uncje) pokrojonych w kostkę zielonych papryczek chilli
1/2 szklanki posiekanej czerwonej cebuli
2 kontynuuj
Ząbki czosnku, mielone
1 łyżeczka. mielony kminek
1 łyżeczka. chili w proszku
Sól i pieprz do smaku
10-12 tortilli kukurydzianych
1 puszka (10 uncji) sosu enchilada
1 szklanka rozdrobnionego sera cheddar
Świeża kolendra, posiekana

Instrukcje:

Rozgrzej piekarnik do 375 ° F.
W dużej misce wymieszaj tuńczyka z puszki, pokrojone w kostkę zielone papryczki chilli, posiekaną czerwoną cebulę, posiekany czosnek, kminek, chili w proszku oraz sól i pieprz do smaku.
Podgrzej tortille w kuchence mikrofalowej lub na patelni, aż będą miękkie i giętkie.
Rozłóż niewielką ilość sosu enchilada na dnie naczynia do pieczenia o wymiarach 9x13 cali.
Umieść obfitą łyżkę mieszanki tuńczyka na każdej tortilli i zwiń ciasno.
Umieść zwinięte tortille łączeniem do dołu w naczyniu do zapiekania.
Wlać pozostały sos enchilada na wierzch enchiladas.
Posyp tartym serem wierzch enchiladas.
Piec w nagrzanym piekarniku przez 20-25 minut lub do momentu, aż ser się roztopi i zarumieni.
Udekoruj świeżą kolendrą i podawaj na gorąco.

45. Enchilady Mahi-Mahi

Składniki:

1 funt filetów mahi-mahi, bez skóry
1 czerwona cebula, pokrojona w kostkę
1 czerwona papryka, pokrojona w kostkę
1 zielona papryka, pokrojona w kostkę
2 ząbki czosnku, posiekane
1 łyżeczka. mielony kminek
1 łyżeczka. chili w proszku
Sól i pieprz do smaku
10-12 tortilli kukurydzianych
1 puszka (10 uncji) czerwonego sosu enchilada
1 szklanka rozdrobnionego sera cheddar
Świeża kolendra, posiekana

Instrukcje:
1. Rozgrzej piekarnik do 375°F.
2. Dopraw filety mahi-mahi kminkiem, chili w proszku, solą i pieprzem.

Rozgrzej dużą patelnię na średnim ogniu i smaż filety mahi-mahi przez 3-4 minuty z każdej strony lub do momentu ugotowania.
Zdejmij mahi-mahi z patelni i odstaw do ostygnięcia.
Na tej samej patelni podsmaż pokrojoną w kostkę czerwoną cebulę, czerwoną paprykę, zieloną paprykę i posiekany czosnek przez 3-4 minuty lub do miękkości.
Ugotowane mahi-mahi pokroić w drobną kostkę i dodać do patelni z warzywami.
Podgrzej tortille w kuchence mikrofalowej lub na patelni, aż będą miękkie i giętkie.
Rozłóż niewielką ilość czerwonego sosu enchilada na dnie naczynia do pieczenia o wymiarach 9x13 cali.
Umieść obfitą łyżkę mieszanki mahi-mahi i warzyw na każdej tortilli i zwiń ciasno.
Umieść zwinięte tortille łączeniem do dołu w naczyniu do zapiekania.
Wlej pozostały czerwony sos enchilada na wierzch enchiladas.
Posyp tartym serem wierzch enchiladas.
Piec w nagrzanym piekarniku przez 20-25 minut lub do momentu, aż ser się roztopi i zarumieni.
Udekoruj świeżą kolendrą i podawaj na gorąco.

ENCHILADA WARZYWNA

46. Enchilada wegetariańska

- 1 puszka czarnej fasoli, odsączonej i opłukanej
- 1 puszka kukurydzy, odsączonej
- 1 pokrojona w kostkę cebula
- 2 ząbki czosnku
- 1 puszka zielonego sosu enchilada
- 12 tortilli kukurydzianych
- Sól i pieprz do smaku

Rozgrzej piekarnik do 375 ° F. Na patelni podsmaż cebulę i czosnek, aż zmiękną. Dodaj czarną fasolę i kukurydzę, dopraw solą i pieprzem. W rondelku podgrzej sos enchilada na średnim ogniu. Zanurz tortille w sosie i umieść je w naczyniu do pieczenia o wymiarach 9x13 cali. Napełnij każdą tortillę mieszanką fasoli i kukurydzy i zwiń. Wlej pozostały sos na enchiladas i piecz przez 25-30 minut.

47. Enchilada ze szpinakiem i grzybami

2 szklanki świeżego szpinaku, posiekanego
1 szklanka pokrojonych pieczarek
1 pokrojona w kostkę cebula
2 ząbki czosnku
1 puszka czerwonego sosu enchilada
12 tortilli kukurydzianych
Sól i pieprz do smaku

Rozgrzej piekarnik do 375 ° F. Na patelni podsmaż cebulę i czosnek, aż zmiękną. Dodać pieczarki i szpinak, doprawić solą i pieprzem. W rondelku podgrzej sos enchilada na średnim ogniu. Zanurz tortille w sosie i umieść je w naczyniu do pieczenia o wymiarach 9x13 cali. Napełnij każdą tortillę mieszanką szpinaku i grzybów i zwiń. Wlej pozostały sos na enchiladas i piecz przez 25-30 minut.

48. Enchiladas ze słodkich ziemniaków i czarnej fasoli

Składniki:
1 duży słodki ziemniak, obrany i pokrojony w kostkę
1 cebula, posiekana
1 puszka (15 uncji) czarnej fasoli, odsączonej i opłukanej
1 puszka (10 uncji) sosu enchilada
8-10 tortilli kukurydzianych
1 szklanka rozdrobnionego sera cheddar
Sól i pieprz do smaku
Instrukcje:
Rozgrzej piekarnik do 350 ° F.
Na dużej patelni ugotuj słodkiego ziemniaka i cebulę na średnim ogniu, aż będą miękkie.
Dodaj czarną fasolę na patelnię i wymieszaj, aby połączyć.
Wymieszać z sosem enchilada, doprawić solą i pieprzem do smaku.
Rozłóż niewielką ilość mieszanki słodkich ziemniaków i czarnej fasoli na każdej tortilli i zwiń ciasno.
Umieść zwinięte tortille łączeniem do dołu w naczyniu do pieczenia o wymiarach 9x13 cali.
Wlej pozostałą mieszankę słodkich ziemniaków i czarnej fasoli na tortille i posyp tartym serem.
Piecz przez 20-25 minut, aż ser się roztopi i zarumieni.

49. Pieczone Warzywne Enchilady

Składniki:

- 2 czerwone papryki, pokrojone w plasterki
- 2 żółte kabaczki, pokrojone
- 1 cukinia, pokrojona w plasterki
- 1 cebula, pokrojona
- 2 łyżki oliwy z oliwek
- Sól i pieprz do smaku
- 8-10 tortilli kukurydzianych
- 1 puszka (15 uncji) czarnej fasoli, odsączonej i opłukanej
- 1 1/2 szklanki rozdrobnionego sera cheddar
- 1 puszka (15 uncji) sosu enchilada

Instrukcje:

Rozgrzej piekarnik do 400 ° F.

Wrzuć pokrojoną paprykę, żółtą dynię, cukinię i cebulę w oliwę z oliwek i dopraw solą i pieprzem.

Rozłóż warzywa na blasze do pieczenia i piecz w nagrzanym piekarniku przez 20-25 minut lub do miękkości i lekkiego zrumienienia.

Podgrzej tortille kukurydziane w kuchence mikrofalowej lub na patelni, aż będą miękkie i giętkie.

Wlej niewielką ilość sosu enchilada na dno naczynia do pieczenia o wymiarach 9x13 cali.

Umieść łyżkę pieczonych warzyw i czarnej fasoli na każdej tortilli i zwiń ciasno.

Umieść zwinięte tortille łączeniem do dołu w naczyniu do zapiekania.

Wlać pozostały sos enchilada na wierzch enchiladas.

Posyp startym serem cheddar na wierzchu enchiladas.

Piec w nagrzanym piekarniku przez 20-25 minut lub do momentu, aż ser się roztopi i zarumieni.

Udekoruj świeżą kolendrą i podawaj na gorąco.

50. Enchilada z kalafiora

Składniki:

- 1 główka kalafiora, pokrojona na małe różyczki
- 1 cebula, posiekana
- 2 ząbki czosnku, posiekane
- 1 puszka (15 uncji) czarnej fasoli, odsączonej i opłukanej
- 1 łyżeczka mielonego kminku
- 1 łyżeczka chili w proszku
- Sól i pieprz do smaku
- 8-10 tortilli kukurydzianych
- 1 1/2 szklanki rozdrobnionego sera cheddar
- 1 puszka (15 uncji) sosu enchilada

Instrukcje:

Rozgrzej piekarnik do 350 ° F.

Na dużej patelni podsmaż posiekaną cebulę i czosnek, aż zaczną pachnieć, około 2-3 minut.

Dodaj pokrojony kalafior na patelnię i gotuj do miękkości, około 10-12 minut.

Dodaj czarną fasolę, kminek, chili w proszku, sól i pieprz do patelni i mieszaj, aż dobrze się połączą.

Podgrzej tortille kukurydziane w kuchence mikrofalowej lub na patelni, aż będą miękkie i giętkie.

Wlej niewielką ilość sosu enchilada na dno naczynia do pieczenia o wymiarach 9x13 cali.

Umieść obfitą łyżkę mieszanki kalafiora i czarnej fasoli na każdej tortilli i zwiń ciasno.

Umieść zwinięte tortille łączeniem do dołu w naczyniu do zapiekania.

Wlać pozostały sos enchilada na wierzch enchiladas.

Posyp startym serem cheddar na wierzchu enchiladas.

Piec w nagrzanym piekarniku przez 20-25 minut lub do momentu, aż ser się roztopi i zarumieni.

Udekoruj świeżą kolendrą i podawaj na gorąco.

51. Enchiladas z czarnej fasoli i kukurydzy

Składniki:

1 cebula, posiekana
2 ząbki czosnku, posiekane
1 puszka (15 uncji) czarnej fasoli, odsączonej i opłukanej
1 puszka (15 uncji) kukurydzy, odsączona
1 łyżeczka mielonego kminku
Sól i pieprz do smaku
8-10 tortilli kukurydzianych
1 1/2 szklanki rozdrobnionego sera cheddar
1 puszka (15 uncji) sosu enchilada

Instrukcje:
Rozgrzej piekarnik do 350 ° F.
Na dużej patelni podsmaż posiekaną cebulę i czosnek, aż zaczną pachnieć, około 2-3 minut.
Dodaj czarną fasolę, kukurydzę, kminek, sól i pieprz na patelnię i mieszaj, aż dobrze się połączą.
Podgrzej tortille kukurydziane w kuchence mikrofalowej lub na patelni, aż będą miękkie i giętkie.
Wlej niewielką ilość sosu enchilada na dno naczynia do pieczenia o wymiarach 9x13 cali.
Umieść obfitą łyżkę mieszanki czarnej fasoli i kukurydzy na każdej tortilli i zwiń ciasno.
Umieść zwinięte tortille łączeniem do dołu w naczyniu do zapiekania.
Wlać pozostały sos enchilada na wierzch enchiladas.
Posyp startym serem cheddar na wierzchu enchiladas.
Piec w nagrzanym piekarniku przez 20-25 minut lub do momentu, aż ser się roztopi i zarumieni.
Udekoruj świeżą kolendrą i podawaj na gorąco.

52. Enchiladas Z Dyni Piżmowej I Szpinaku

Składniki:

1 dynia piżmowa, obrana i posiekana
1 cebula, posiekana
2 ząbki czosnku, posiekane
1 puszka (15 uncji) czarnej fasoli, odsączonej i opłukanej
1 szklanka posiekanego szpinaku
1 łyżeczka mielonego kminku
Sól i pieprz do smaku
8-10 tortilli kukurydzianych
1 1/2 szklanki startego sera Monterey Jack
1 puszka (15 uncji) sosu enchilada

Instrukcje:
Rozgrzej piekarnik do 350 ° F.
Na dużej patelni podsmaż posiekaną cebulę i czosnek, aż zaczną pachnieć, około 2-3 minut.
Dodaj posiekaną dynię piżmową na patelnię i gotuj do miękkości, około 10-12 minut.
Dodaj czarną fasolę, szpinak, kminek, sól i pieprz na patelnię i mieszaj, aż dobrze się połączą.
Podgrzej tortille kukurydziane w kuchence mikrofalowej lub na patelni, aż będą miękkie i giętkie.
Wlej niewielką ilość sosu enchilada na dno naczynia do pieczenia o wymiarach 9x13 cali.
Umieść obfitą łyżkę mieszanki dyni piżmowej i szpinaku na każdej tortilli i zwiń ciasno.
Umieść zwinięte tortille łączeniem do dołu w naczyniu do zapiekania.
Wlać pozostały sos enchilada na wierzch enchiladas.
Posyp tartym serem Monterey Jack wierzch enchiladas.
Piec w nagrzanym piekarniku przez 20-25 minut lub do momentu, aż ser się roztopi i zarumieni.
Udekoruj świeżą kolendrą i podawaj na gorąco.

53. Enchiladas Z Cukinii I Kukurydzy

Składniki:

1 cebula, posiekana
2 ząbki czosnku, posiekane
2 cukinie, posiekane
1 puszka (15 uncji) kukurydzy, odsączona
1 łyżeczka mielonego kminku
Sól i pieprz do smaku
8-10 tortilli kukurydzianych
1 1/2 szklanki rozdrobnionego sera cheddar
1 puszka (15 uncji) sosu enchilada

Instrukcje:
Rozgrzej piekarnik do 350 ° F.
Na dużej patelni podsmaż posiekaną cebulę i czosnek, aż zaczną pachnieć, około 2-3 minut.
Dodaj posiekaną cukinię i kukurydzę na patelnię i gotuj do miękkości, około 10-12 minut.
Dodaj kminek, sól i pieprz do patelni i mieszaj, aż dobrze się połączą.
5. Podgrzej tortille kukurydziane w kuchence mikrofalowej lub na patelni grillowej, aż będą miękkie i elastyczne.
Wlej niewielką ilość sosu enchilada na dno naczynia do pieczenia o wymiarach 9x13 cali.
Umieść obfitą łyżkę mieszanki cukinii i kukurydzy na każdej tortilli i zwiń ciasno.
Umieść zwinięte tortille łączeniem do dołu w naczyniu do zapiekania.
Wlać pozostały sos enchilada na wierzch enchiladas.
Posyp startym serem cheddar na wierzchu enchiladas.
Piec w nagrzanym piekarniku przez 20-25 minut lub do momentu, aż ser się roztopi i zarumieni.
Udekoruj świeżą kolendrą i podawaj na gorąco.

54. Enchilada z Grzybami Portobello

Składniki:
2 łyżki oliwy z oliwek
4 pieczarki portobello pokrojone w plastry
1 cebula, posiekana
2 ząbki czosnku, posiekane
1 puszka (15 uncji) czarnej fasoli, odsączonej i opłukanej
1 łyżeczka mielonego kminku
Sól i pieprz do smaku
8-10 tortilli kukurydzianych
1 1/2 szklanki startego sera Monterey Jack
1 puszka (15 uncji) sosu enchilada

Instrukcje:
Rozgrzej piekarnik do 350 ° F.
Na dużej patelni rozgrzej oliwę z oliwek na średnim ogniu.
Dodaj pokrojone pieczarki portobello na patelnię i smaż, aż będą miękkie i zrumienione, około 5-7 minut.
Dodaj posiekaną cebulę i czosnek na patelnię i smaż, aż zacznie pachnieć, około 2-3 minut.
Dodaj czarną fasolę, kminek, sól i pieprz na patelnię i mieszaj, aż dobrze się połączą.
Podgrzej tortille kukurydziane w kuchence mikrofalowej lub na patelni, aż będą miękkie i giętkie

Gilbert A

Kontynuować

Wlej niewielką ilość sosu enchilada na dno naczynia do pieczenia o wymiarach 9x13 cali.
Umieść obfitą łyżkę mieszanki grzybów i czarnej fasoli na każdej tortilli i zwiń ciasno.
Umieść zwinięte tortille łączeniem do dołu w naczyniu do zapiekania.
Wlać pozostały sos enchilada na wierzch enchiladas.
Posyp tartym serem Monterey Jack wierzch enchiladas.
Piec w nagrzanym piekarniku przez 20-25 minut lub do momentu, aż ser się roztopi i zarumieni.
Udekoruj świeżą kolendrą i podawaj na gorąco.

WEGAŃSKIE ENCHILADA

55. Wegańska enchilada z czarnej fasoli i kukurydzy

Składniki:
1 puszka (15 uncji) czarnej fasoli, odsączonej i opłukanej
1 puszka (15 uncji) kukurydzy, odsączona
1/2 szklanki salsy
1/2 szklanki posiekanej cebuli
1/2 szklanki posiekanej świeżej kolendry
1 łyżeczka kminku
1 łyżeczka chili w proszku
8-10 tortilli kukurydzianych
1 szklanka wegańskiego tartego sera cheddar
Sól i pieprz do smaku

Instrukcje:
Rozgrzej piekarnik do 350 ° F.
W dużej misce wymieszaj czarną fasolę, kukurydzę, salsę, cebulę, kolendrę, kminek i chili w proszku.
Doprawiamy solą i pieprzem do smaku.
Rozłóż niewielką ilość mieszanki fasoli na każdej tortilli i zwiń ciasno.
Umieść zwinięte tortille łączeniem do dołu w naczyniu do pieczenia o wymiarach 9x13 cali.
Posypać tartym wegańskim serem i zapiekać przez 20-25 minut, aż ser się roztopi i zarumieni.

56. Wegańskie enchilady z ciecierzycy

Składniki:
- 2 puszki (15 uncji każda) ciecierzycy, odsączone i wypłukane
- 1 cebula, posiekana
- 2 ząbki czosnku, posiekane
- 1 puszka (10 uncji) czerwonego sosu enchilada
- 8-10 tortilli kukurydzianych
- 1 szklanka wegańskiego tartego sera cheddar
- Sól i pieprz do smaku

Instrukcje:
Rozgrzej piekarnik do 350 ° F.
Na dużej patelni podsmaż cebulę i czosnek na średnim ogniu, aż zmiękną.
Dodaj ciecierzycę na patelnię i wymieszaj, aby połączyć.
Wymieszaj z czerwonym sosem enchilada i dopraw solą i pieprzem do smaku.
Rozłóż niewielką ilość mieszanki z ciecierzycy na każdej tortilli i zwiń ciasno.
Umieść zwinięte tortille łączeniem do dołu w naczyniu do pieczenia o wymiarach 9x13 cali.
Posypać tartym wegańskim serem i zapiekać przez 20-25 minut, aż ser się roztopi i zarumieni.

57. Wegańskie enchilady ze słodkich ziemniaków

Składniki:
2 duże słodkie ziemniaki, obrane i pokrojone w kostkę
1 puszka (15 uncji) czarnej fasoli, odsączonej i opłukanej
1 cebula, posiekana
2 ząbki czosnku, posiekane
1 puszka (10 uncji) zielonego sosu enchilada
8-10 tortilli kukurydzianych
1 szklanka wegańskiego tartego sera cheddar
Sól i pieprz do smaku
Instrukcje:
Rozgrzej piekarnik do 350 ° F.
Pokrojone w kostkę słodkie ziemniaki gotujemy na parze do miękkości.
Na dużej patelni podsmaż cebulę i czosnek na średnim ogniu, aż zmiękną.
Dodaj czarną fasolę i gotowane na parze słodkie ziemniaki na patelnię i zamieszaj, aby połączyć.
Wymieszać zielony sos enchilada i doprawić solą i pieprzem do smaku.
Rozłóż niewielką ilość mieszanki słodkich ziemniaków na każdej tortilli i zwiń ciasno.
Umieść zwinięte tortille łączeniem do dołu w naczyniu do pieczenia o wymiarach 9x13 cali.
Posypać tartym wegańskim serem i zapiekać przez 20-25 minut, aż ser się roztopi i zarumieni.

58. Wegańskie enchilady ze szpinakiem i tofu

Składniki:
1 blok (14 uncji) twardego tofu, odsączonego i pokruszonego
2 szklanki świeżego szpinaku, posiekanego
1 cebula, posiekana
2 ząbki czosnku, posiekane
1 puszka (10 uncji) czerwonego sosu enchilada
8-10 tortilli kukurydzianych
1 szklanka wegańskiego tartego sera cheddar
Sól i pieprz do smaku

Instrukcje:
Rozgrzej piekarnik do 350 ° F.
Na dużej patelni podsmaż cebulę i czosnek na średnim ogniu, aż zmiękną.
Dodaj pokruszone tofu i posiekany szpinak na patelnię i wymieszaj.
Wymieszaj z czerwonym sosem enchilada i dopraw solą i pieprzem do smaku.
Rozłóż niewielką ilość mieszanki tofu i szpinaku na każdej tortilli i zwiń ciasno.
Umieść zwinięte tortille łączeniem do dołu w naczyniu do pieczenia o wymiarach 9x13 cali.
Posypać tartym wegańskim serem i zapiekać przez 20-25 minut, aż ser się roztopi i zarumieni.

59. Wegańskie Enchilady z Jackfruitem

Składniki:
2 puszki (łącznie 20 uncji) jackfruit, odsączone i rozdrobnione
1 cebula, posiekana
2 ząbki czosnku, posiekane
1 puszka (10 uncji) zielonego sosu enchilada
8-10 tortilli kukurydzianych
1 szklanka wegańskiego tartego sera cheddar
Sól i pieprz do smaku
Instrukcje:
Rozgrzej piekarnik do 350 ° F.
Na dużej patelni podsmaż cebulę i czosnek na średnim ogniu, aż zmiękną.
Dodaj rozdrobniony jackfruit na patelnię i zamieszaj, aby połączyć.
Wymieszać zielony sos enchilada i doprawić solą i pieprzem do smaku.
Rozłóż niewielką ilość mieszanki chlebowca na każdej tortilli i zwiń ciasno.
Umieść zwinięte tortille łączeniem do dołu w naczyniu do pieczenia o wymiarach 9x13 cali.
Posypać tartym wegańskim serem i zapiekać przez 20-25 minut, aż ser się roztopi i zarumieni.

60. Wegańskie enchilady z soczewicy

Składniki:
- 1 szklanka suchej soczewicy, opłukanej i odsączonej
- 1 cebula, posiekana
- 2 ząbki czosnku, posiekane
- 1 puszka (10 uncji) czerwonego sosu enchilada
- 8-10 tortilli kukurydzianych
- 1 szklanka wegańskiego tartego sera cheddar
- Sól i pieprz do smaku

Instrukcje:
Rozgrzej piekarnik do 350 ° F.
W dużym garnku ugotować soczewicę zgodnie z instrukcją na opakowaniu do miękkości.
Na dużej patelni podsmaż cebulę i czosnek na średnim ogniu, aż zmiękną.
Dodaj ugotowaną soczewicę na patelnię i mieszaj, aby połączyć.
Wymieszaj z czerwonym sosem enchilada i dopraw solą i pieprzem do smaku.
Rozłóż niewielką ilość mieszanki soczewicy na każdej tortilli i zwiń ciasno.
Umieść zwinięte tortille łączeniem do dołu w naczyniu do pieczenia o wymiarach 9x13 cali.
Posypać tartym wegańskim serem i zapiekać przez 20-25 minut, aż ser się roztopi i zarumieni.

61. Wegańskie Enchilady Tempeh

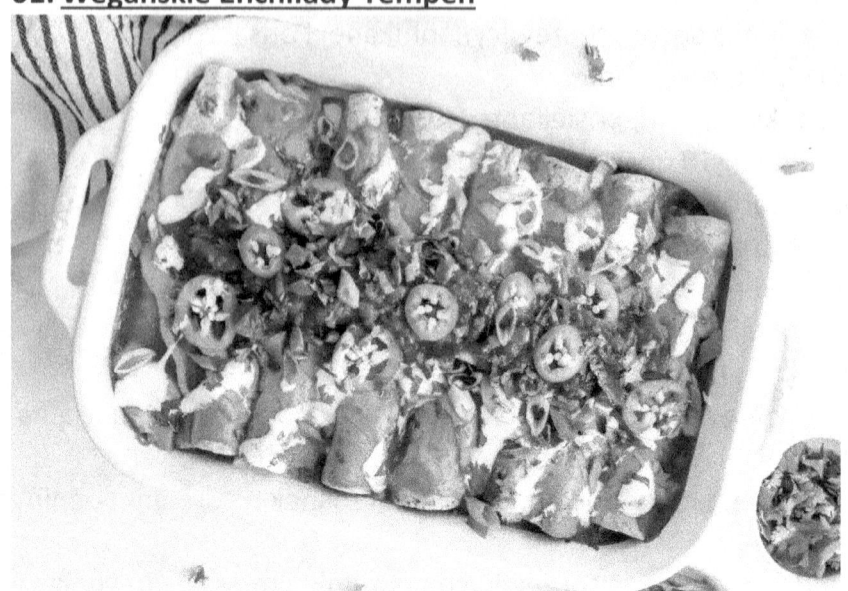

Składniki:
1 paczka (8 uncji) tempeh, pokruszona
1 cebula, posiekana
2 ząbki czosnku, posiekane
1 puszka (10 uncji) czerwonego sosu enchilada
8-10 tortilli kukurydzianych
1 szklanka wegańskiego tartego sera cheddar
Sól i pieprz do smaku

Instrukcje:
Rozgrzej piekarnik do 350 ° F.
Na dużej patelni podsmaż cebulę i czosnek na średnim ogniu, aż zmiękną.
Dodaj pokruszony tempeh na patelnię i mieszaj, aby połączyć.
Wymieszaj z czerwonym sosem enchilada i dopraw solą i pieprzem do smaku.
Rozłóż niewielką ilość mieszanki tempeh na każdej tortilli i zwiń ciasno.
Umieść zwinięte tortille łączeniem do dołu w naczyniu do pieczenia o wymiarach 9x13 cali.
Posypać tartym wegańskim serem i zapiekać przez 20-25 minut, aż ser się roztopi i zarumieni.

62. Wegańskie enchilady ze słodkich ziemniaków

Składniki:
2 słodkie ziemniaki, obrane i pokrojone w kostkę
1 cebula, posiekana
2 ząbki czosnku, posiekane
1 puszka (10 uncji) zielonego sosu enchilada
8-10 tortilli kukurydzianych
1 szklanka wegańskiego tartego sera cheddar
Sól i pieprz do smaku

Instrukcje:
Rozgrzej piekarnik do 350 ° F.
Na dużej patelni podsmaż cebulę i czosnek na średnim ogniu, aż zmiękną.
Dodaj pokrojone w kostkę słodkie ziemniaki na patelnię i gotuj do miękkości, od czasu do czasu mieszając.
Wymieszać zielony sos enchilada i doprawić solą i pieprzem do smaku.
Rozłóż niewielką ilość mieszanki słodkich ziemniaków na każdej tortilli i zwiń ciasno.
Umieść zwinięte tortille łączeniem do dołu w naczyniu do pieczenia o wymiarach 9x13 cali.
Posypać tartym wegańskim serem i zapiekać przez 20-25 minut, aż ser się roztopi i zarumieni.

63. Wegańska Enchilada z Quinoa

Składniki:
1 szklanka quinoa, opłukanej i odsączonej
1 cebula, posiekana
2 ząbki czosnku, posiekane
1 puszka (10 uncji) czerwonego sosu enchilada
8-10 tortilli kukurydzianych
1 szklanka wegańskiego tartego sera cheddar
Sól i pieprz do smaku

Instrukcje:
Rozgrzej piekarnik do 350 ° F.
W dużym garnku ugotuj komosę ryżową zgodnie z instrukcją na opakowaniu.
Na dużej patelni podsmaż cebulę i czosnek na średnim ogniu, aż zmiękną.
Dodaj ugotowaną quinoa na patelnię i wymieszaj, aby połączyć.
Wymieszaj z czerwonym sosem enchilada i dopraw solą i pieprzem do smaku.
Rozłóż niewielką ilość mieszanki komosy ryżowej na każdej tortilli i zwiń ciasno.
Umieść zwinięte tortille łączeniem do dołu w naczyniu do pieczenia o wymiarach 9x13 cali.
Posypać tartym wegańskim serem i zapiekać przez 20-25 minut, aż ser się roztopi i zarumieni.

ENCHILADA OWOCOWA

64. Truskawkowe Serowe Enchiladas

Składniki:
10 tortilli z mąki pszennej
1 opakowanie (8 uncji) sera śmietankowego, zmiękczonego
1/4 szklanki cukru granulowanego
2 szklanki świeżych truskawek, pokrojonych w plasterki
1/4 szklanki niesolonego masła, roztopionego
1/2 szklanki cukru granulowanego
1/2 łyżeczki mielonego cynamonu
Bita śmietana, do podania

Instrukcje:
Rozgrzej piekarnik do 350 ° F.
W średniej misce ubij serek śmietankowy i 1/4 szklanki cukru na gładką masę.
Połóż tortillę na płaskiej powierzchni i rozłóż około 1 1/2 łyżki mieszanki serka śmietankowego na środku.
Ułóż kilka plasterków truskawek na wierzchu mieszanki serów śmietankowych.
Zwiń tortillę ciasno i umieść ją szwem do dołu w naczyniu do pieczenia o wymiarach 9 x 13 cali.
Powtórz z pozostałymi tortillami, mieszanką twarogu i truskawkami.
W małej misce wymieszaj stopione masło, 1/2 szklanki cukru i cynamon.
Wlać mieszankę masła na enchilady.
Piec przez 20-25 minut lub do momentu, aż enchilady będą złotobrązowe i chrupiące. Podawać z bitą śmietaną.

65. Enchilada z ananasem

Składniki:

10 tortilli kukurydzianych
2 szklanki świeżego ananasa, pokrojonego w kostkę
1/4 szklanki niesolonego masła, roztopionego
1/2 szklanki cukru granulowanego
1/2 łyżeczki mielonego cynamonu
1 szklanka gęstej śmietany
1/2 szklanki słodzonego skondensowanego mleka

Instrukcje:

Rozgrzej piekarnik do 350 ° F.
Podgrzej tortille w kuchence mikrofalowej lub na patelni, aż będą miękkie i giętkie.
Umieść kilka łyżek pokrojonego w kostkę ananasa na środku każdej tortilli i zwiń ciasno.
Umieść zwinięte tortille łączeniem do dołu w naczyniu do pieczenia o wymiarach 9x13 cali.
W małej misce wymieszaj stopione masło, 1/2 szklanki cukru i cynamon.
Wlać mieszankę masła na górę enchiladas.
Piec przez 20-25 minut lub do momentu, aż enchilady będą złotobrązowe i chrupiące.
W średniej misce wymieszaj ciężką śmietanę i słodzone mleko skondensowane, aż utworzą się miękkie szczyty.
Enchiladas podawaj na gorąco z kleksem bitej śmietany na wierzchu.

66. Enchilada Jabłkowa

Składniki:

10 tortilli z mąki pszennej
2 szklanki obranych i pokrojonych w kostkę jabłek
1/2 szklanki niesolonego masła, roztopionego
1/2 szklanki cukru granulowanego
1 łyżeczka mielonego cynamonu
1/2 szklanki posiekanych orzechów włoskich (opcjonalnie)
Lody waniliowe, do podania

Instrukcje:

Rozgrzej piekarnik do 350 ° F.
W średniej misce wymieszaj pokrojone w kostkę jabłka, 1/4 szklanki roztopionego masła, 1/4 szklanki cukru i cynamon.
Podgrzej tortille w kuchence mikrofalowej lub na patelni, aż będą miękkie i giętkie.
Na każdą tortillę nałożyć trochę masy jabłkowej i ciasno zwinąć.
Umieść zwinięte tortille łączeniem do dołu w naczyniu do pieczenia o wymiarach 9x13 cali.
W małej misce wymieszaj pozostałe stopione masło, cukier i posiekane orzechy włoskie (jeśli używasz).
Wlać mieszankę masła na górę enchiladas.
Piec przez 20-25 minut lub do momentu, aż enchilady będą złotobrązowe i chrupiące.
Enchiladas podawaj na gorąco z gałką lodów waniliowych na wierzchu.

67. Mieszane jagodowe enchilady

Składniki:

10 tortilli z mąki pszennej
2 szklanki mieszanych świeżych jagód (takich jak truskawki, jagody i maliny), posiekanych
1/4 szklanki niesolonego masła, roztopionego
1/2 szklanki cukru granulowanego
1/2 łyżeczki mielonego cynamonu
Bita śmietana, do podania

Instrukcje:
Rozgrzej piekarnik do 350 ° F.
W średniej misce wymieszaj posiekane jagody, 1/4 szklanki cukru i cynamon.
Podgrzej tortille w kuchence mikrofalowej lub na patelni, aż będą miękkie i giętkie.
Na każdą tortillę nałóż trochę jagodowej mieszanki i zwiń ciasno.
Umieść zwinięte tortille łączeniem do dołu w naczyniu do pieczenia o wymiarach 9x13 cali.
W małej misce wymieszaj stopione masło i pozostały cukier.
Wlać mieszankę masła na górę enchiladas.
Piec przez 20-25 minut lub do momentu, aż enchilady będą złotobrązowe i chrupiące.
Enchiladas podawaj na gorąco z bitą śmietaną.

68. Brzoskwiniowe Enchilady

Składniki:

10 tortilli z mąki pszennej
2 szklanki obranych i pokrojonych w kostkę brzoskwiń
1/2 szklanki niesolonego masła, roztopionego
1/2 szklanki cukru granulowanego
1 łyżeczka mielonego cynamonu
Lody waniliowe, do podania

Instrukcje:

Rozgrzej piekarnik do 350 ° F.
W średniej misce wymieszaj pokrojone w kostkę brzoskwinie, 1/4 szklanki roztopionego masła, 1/4 szklanki cukru i cynamon.
Podgrzej tortille w kuchence mikrofalowej lub na patelni, aż będą miękkie i giętkie.
Na każdą tortillę nałożyć porcję masy brzoskwiniowej i ciasno zwinąć.
Umieść zwinięte tortille łączeniem do dołu w naczyniu do pieczenia o wymiarach 9x13 cali.
W małej misce wymieszaj pozostałe stopione masło i cukier.
Wlać mieszankę masła na górę enchiladas.
Piec przez 20-25 minut lub do momentu, aż enchilady będą złotobrązowe i chrupiące.
Enchiladas podawaj na gorąco z gałką lodów waniliowych na wierzchu.

STRĄCZKOWE I ZIARNA

69. Zapiekanka z Enchilada Quinoa

Robi: 6

SKŁADNIKI:
- 1 1/2 szklanki niegotowanej komosy ryżowej
- 1 szklanka sosu enchilada
- 2 1/4 szklanki bulionu warzywnego
- 1 średnia cebula, posiekana
- 14,5 uncji pokrojonych w kostkę pomidorów, nieodsączonych
- 15 uncji ziaren kukurydzy, odsączonych i wypłukanych
- 15 uncji puszka czarnej fasoli, odsączonej i opłukanej
- 1 łyżka chili w proszku
- 1 1/2 łyżeczki kminku w proszku
- 1/2 łyżeczki mielonego czarnego pieprzu
- 3/4 szklanki zielonej papryki, posiekanej
- 3/4 szklanki czerwonej papryki, posiekanej
- 5 ząbków czosnku, posiekanych
- 1 1/4 szklanki strzępów sera mozzarella na bazie roślin
- 1 1/2 łyżki soku z limonki
- 1/2 łyżeczki soli morskiej
- Siekana natka pietruszki, siekane pomidory, kwaśna śmietana roślinna

INSTRUKCJE:
a) Używając powolnej kuchenki, połącz wszystkie składniki oprócz sera i limonki z bulionem warzywnym. Kilka razy zamieszaj do dokładnego połączenia.
b) Ustaw powolną kuchenkę na wysoką wartość na 2 do 2,5 godziny.
c) Otwórz wolnowar i dodaj sok z limonki i 12 plasterków sera.
d) Wymieszaj mieszaninę, a następnie wygładź ją na płasko. Posyp pozostałym serem na wierzchu, a następnie załóż pokrywkę i gotuj przez 10 minut.
e) Podawaj z ulubionymi dodatkami - awokado, posiekaną zieloną cebulą, natką pietruszki, kwaśną śmietaną i pomidorem.

70. Enchiladas ze słodkich ziemniaków i czarnej fasoli

2 średnie słodkie ziemniaki, obrane i pokrojone w kostkę
1 puszka czarnej fasoli, odsączonej i opłukanej
1 pokrojona w kostkę cebula
2 ząbki czosnku
1 puszka zielonego sosu enchilada
12 tortilli kukurydzianych
Sól i pieprz do smaku
Rozgrzej piekarnik do 375 ° F. Na patelni podsmaż cebulę i czosnek, aż zmiękną. Dodaj słodkie ziemniaki i czarną fasolę, dopraw solą i pieprzem. W rondelku podgrzej sos enchilada na średnim ogniu. Zanurz tortille w sosie i umieść je w naczyniu do pieczenia o wymiarach 9x13 cali. Napełnij każdą tortillę mieszanką słodkich ziemniaków i czarnej fasoli i zwiń. Wlej pozostały sos na enchiladas i piecz przez 25-30 minut.

71. Enchilada z czarnej fasoli

Składniki:
1 puszka (15 uncji) czarnej fasoli, odsączonej i opłukanej
1 cebula, posiekana
2 ząbki czosnku, posiekane
1 puszka (10 uncji) sosu enchilada
8-10 tortilli kukurydzianych
1 szklanka rozdrobnionego sera cheddar
Sól i pieprz do smaku
Instrukcje:
Rozgrzej piekarnik do 350 ° F.
Na dużej patelni podsmaż cebulę i czosnek na średnim ogniu, aż zmiękną.
Dodaj czarną fasolę na patelnię i wymieszaj, aby połączyć.
Wymieszać z sosem enchilada, doprawić solą i pieprzem do smaku.
Rozłóż niewielką ilość mieszanki czarnej fasoli na każdej tortilli i zwiń ciasno.
Umieść zwinięte tortille łączeniem do dołu w naczyniu do pieczenia o wymiarach 9x13 cali.
Wlej pozostałą mieszankę czarnej fasoli na tortille i posyp tartym serem.
Piecz przez 20-25 minut, aż ser się roztopi i zarumieni

72. Mieszane Enchilady Z Fasoli

Składniki:

- 10 tortilli kukurydzianych
- 1 puszka (15 uncji) czarnej fasoli, odsączonej i opłukanej
- 1 puszka (15 uncji) fasoli, odsączonej i wypłukanej
- 1 puszka (15 uncji) fasoli pinto, odsączonej i wypłukanej
- 1 puszka (4 uncje) pokrojonych w kostkę zielonych papryczek chilli
- 1/2 szklanki posiekanej cebuli
- 1/2 szklanki posiekanej zielonej papryki
- 2 ząbki czosnku, posiekane
- 1 łyżeczka mielonego kminku
- 1 łyżeczka chili w proszku
- 2 szklanki sosu enchilada
- 1 szklanka rozdrobnionego sera cheddar
- 1/4 szklanki posiekanej świeżej kolendry

Instrukcje:

Rozgrzej piekarnik do 375 ° F.

W dużej misce wymieszaj czarną fasolę, fasolę, fasolę pinto, zielone papryczki chilli, cebulę, paprykę, czosnek, kminek i chili w proszku.

Podgrzej tortille w kuchence mikrofalowej lub na patelni, aż będą miękkie i giętkie.

Na każdą tortillę nałożyć trochę mieszanki fasoli i ciasno zwinąć.

Umieść zwinięte tortille łączeniem do dołu w naczyniu do pieczenia o wymiarach 9x13 cali.

Wlać sos enchilada na wierzch enchiladas.

Posyp tartym serem wierzch enchiladas.

Piec przez 20-25 minut lub do momentu, aż enchiladas będą złocistobrązowe, a ser się roztopi.

Przed podaniem posyp posiekaną kolendrą wierzch enchiladas.

SOSY

73. Łatwy czerwony sos enchilada

Robi: 7

SKŁADNIKI:
- Cebula i Czosnek
- 1 szklanka białej cebuli, posiekanej
- 4 ząbki czosnku, obrane i rozgniecione
- 3 łyżki bulionu warzywnego
- Papryka
- 2 suszone papryczki chili Arbol, usunięte łodygi
- 7 łagodnych suszonych chilli
- 1 szklanka wody
- 2 szklanki bulionu warzywnego
- Przyprawy
- 1/4 szklanki koncentratu pomidorowego
- 1 łyżeczka mielonej wędzonej papryki
- 1 łyżeczka mielonego kminku
- 1 łyżeczka suszonego oregano
- 1/2 łyżeczki soli morskiej

INSTRUKCJE:
a) Na patelni z brzegiem na średnim ogniu dodaj bulion warzywny.
b) Podsmaż cebulę i czosnek przez 4-5 minut. Gotuj, aż lekko zbrązowieją i będą miękkie.
c) Smaż przez 2 minuty z suszonymi chilli. Następnie wlej bulion warzywny i wodę.
d) Doprowadzić wodę do wrzenia, następnie zmniejszyć ogień i przykryć. Pozostaw na 15 minut na wolnym ogniu.
e) Połącz koncentrat pomidorowy, kminek, paprykę, sól i oregano w misce do mieszania (opcjonalnie). Gotuj przez co najmniej 5 minut, od czasu do czasu mieszając lub do momentu, aż papryka będzie miękka.
f) Miksuj do uzyskania kremowej i gładkiej konsystencji w szybkoobrotowym blenderze. Spróbuj i dostosuj smak według uznania. Podawaj od razu.

74. sos z czerwonej enchilady

- 2 łyżki oleju roślinnego
- 2 łyżki mąki uniwersalnej
- 4 łyżki chili w proszku
- 1/2 łyżeczki czosnku w proszku
- 1/2 łyżeczki cebuli w proszku
- 1/2 łyżeczki mielonego kminku
- 2 szklanki bulionu drobiowego lub warzywnego
- Sól dla smaku

Rozgrzej olej w rondlu na średnim ogniu. Dodaj mąkę i mieszaj przez 1 minutę. Dodaj chili w proszku, czosnek w proszku, cebulę w proszku i kminek. Mieszaj, aż się połączą. Stopniowo dodawać bulion cały czas ubijając. Doprowadzić do wrzenia i zmniejszyć ciepło do niskiego poziomu. Dusić 10-15 minut, od czasu do czasu mieszając. Dopraw solą do smaku.

75. Zielony Sos Enchilada

1 funt pomidorów, obranych i opłukanych
2 jalapenos, wypestkowane i posiekane
1 cebula, posiekana
3 ząbki czosnku, posiekane
1/2 szklanki świeżej kolendry, posiekanej
1 łyżka soku z limonki
Sól dla smaku

Umieść pomidory, papryczki jalapenos, cebulę i czosnek w blenderze lub robocie kuchennym. Miksuj do uzyskania gładkości. Przełożyć do rondelka i doprowadzić do wrzenia na średnim ogniu. Gotuj przez 10-15 minut, od czasu do czasu mieszając. Wymieszać z kolendrą i sokiem z limonki. Dopraw solą do smaku.

76. Sos Ancho Chili Enchilada

- 2 papryczki chili ancho, pozbawione łodyg i nasion
- 1 cebula, posiekana
- 3 ząbki czosnku, posiekane
- 1 łyżeczka kminku
- 1 łyżeczka suszonego oregano
- 1 łyżka oleju roślinnego
- 2 szklanki bulionu drobiowego lub warzywnego
- Sól dla smaku

Podsmaż papryczki chili ancho na suchej patelni na średnim ogniu, aż zaczną pachnieć, około 1 minuty. Dodaj cebulę, czosnek, kminek i oregano. Gotuj, aż cebula będzie miękka, około 5 minut. Przenieś mieszaninę do blendera lub robota kuchennego. Dodaj bulion i mieszaj, aż będzie gładki. Rozgrzej olej w rondlu na średnim ogniu. Dodać mieszankę papryczek chili i doprowadzić do wrzenia. Gotuj przez 10-15 minut, od czasu do czasu mieszając. Dopraw solą do smaku.

77. Sos Enchilada z Pieczonych Pomidorów

- 6 pomidorów Roma, przekrojonych na pół
- 1 cebula, posiekana
- 3 ząbki czosnku, posiekane
- 2 łyżki oleju roślinnego
- 2 łyżeczki chili w proszku
- 1/2 łyżeczki kminku
- 2 szklanki bulionu drobiowego lub warzywnego
- Sól dla smaku

Rozgrzej piekarnik do 400 ° F. Ułóż pomidory na blasze do pieczenia, przecięciem do góry. Piec przez 20-25 minut, aż pomidory będą miękkie i lekko zarumienione. Rozgrzej olej w rondlu na średnim ogniu. Dodaj cebulę i czosnek i gotuj, aż cebula będzie miękka, około 5 minut. Dodaj chili w proszku i kminek i gotuj przez 1 minutę. Dodaj pieczone pomidory i bulion. Doprowadzić do wrzenia, zmniejszyć ogień do niskiego poziomu i gotować na wolnym ogniu przez 10-15 minut. Dopraw solą do smaku.

78. Sos Chipotle Enchilada

2 łyżki oleju roślinnego
2 łyżki mąki uniwersalnej
2 łyżki chilli chipotle w proszku
1/2 łyżeczki czosnku w proszku
1/2 łyżeczki cebuli w proszku
1/2 łyżeczki kminku
2 szklanki bulionu drobiowego lub warzywnego
Sól dla smaku

Rozgrzej olej w rondlu na średnim ogniu. Dodaj mąkę i mieszaj przez 1 minutę. Dodaj proszek chili chipotle, proszek czosnkowy, proszek cebulowy i kminek. Mieszaj, aż się połączą. Stopniowo dodawać bulion cały czas ubijając. Doprowadzić do wrzenia i zmniejszyć ciepło do niskiego poziomu. Dusić 10-15 minut, od czasu do czasu mieszając. Dopraw solą do smaku.

79. Kremowy Sos Enchilada

- 2 łyżki masła
- 2 łyżki mąki uniwersalnej
- 2 szklanki bulionu drobiowego lub warzywnego
- 1 szklanka gęstej śmietany
- 1 łyżeczka chili w proszku
- 1/2 łyżeczki kminku
- Sól dla smaku

Rozpuść masło w rondlu na średnim ogniu. Dodaj mąkę i mieszaj przez 1 minutę. Stopniowo dodawać bulion cały czas ubijając. Doprowadzić do wrzenia i zmniejszyć ciepło do niskiego poziomu. Dusić 10-15 minut, od czasu do czasu mieszając. Wymieszaj ciężką śmietanę, chili w proszku i kminek. Gotuj przez 5 minut, ciągle mieszając. Dopraw solą do smaku.

80. Wędzony Sos Enchilada

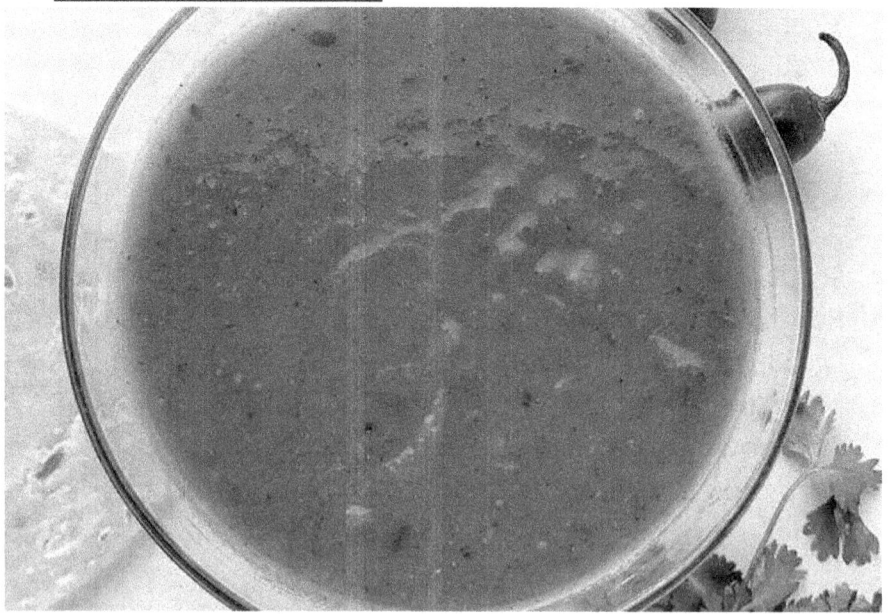

1 łyżka oleju roślinnego
1 cebula, posiekana
2 ząbki czosnku, posiekane
2 łyżki chili w proszku
1 łyżeczka wędzonej papryki
1/2 łyżeczki kminku
2 szklanki bulionu drobiowego lub warzywnego
Sól dla smaku

Rozgrzej olej w rondlu na średnim ogniu. Dodaj cebulę i czosnek i gotuj, aż cebula będzie miękka, około 5 minut. Dodaj chili w proszku, wędzoną paprykę i kminek. Gotuj przez 1 minutę. Stopniowo dodawać bulion cały czas ubijając. Doprowadzić do wrzenia i zmniejszyć ciepło do niskiego poziomu. Dusić 10-15 minut, od czasu do czasu mieszając. Dopraw solą do smaku.

81. Sos Mole Enchilada

- 1/2 szklanki oleju roślinnego
- 2 papryczki chili ancho, pozbawione łodyg i nasion
- 2 papryczki chili pasilla, pozbawione łodyg i nasion
- 1 cebula, posiekana
- 3 ząbki czosnku, posiekane
- 2 łyżki kakao w proszku
- 1 łyżeczka cynamonu
- 1/2 łyżeczki kminku
- 2 szklanki bulionu drobiowego lub warzywnego
- Sól dla smaku

Rozgrzej olej na patelni na średnim ogniu. Dodaj papryczki chili i smaż, aż lekko się zwęglą, około 1 minuty z każdej strony. Zdjąć paprykę z patelni i ostudzić. Dodaj cebulę i czosnek na patelnię i gotuj, aż cebula będzie miękka, około 5 minut. Przenieś mieszaninę do blendera lub robota kuchennego. Dodać kakao, cynamon i kminek. Dodaj schłodzoną paprykę i 1 szklankę bulionu. Miksuj do uzyskania gładkości. Podgrzej pozostały bulion w rondlu na średnim ogniu. Dodaj zmiksowaną mieszankę i gotuj na wolnym ogniu przez 10-15 minut, od czasu do czasu mieszając. Dopraw solą do smaku.

82. Sos Ranchero Enchilada

1 łyżka oleju roślinnego
1 cebula, posiekana
2 ząbki czosnku, posiekane
2 łyżeczki chili w proszku
1/2 łyżeczki kminku
1 puszka (14 uncji) pokrojonych w kostkę pomidorów
1 puszka (8 uncji) sosu pomidorowego
Sól dla smaku

Rozgrzej olej w rondlu na średnim ogniu. Dodaj cebulę i czosnek i gotuj, aż cebula będzie miękka, około 5 minut. Dodać chili w proszku i kminek. Gotuj przez 1 minutę. Dodaj pokrojone w kostkę pomidory i sos pomidorowy. Doprowadzić do wrzenia, zmniejszyć ogień do małego i gotować na wolnym ogniu przez 10-15 minut, od czasu do czasu mieszając. Dopraw solą do smaku.

83. Biały Sos Enchilada

2 łyżki masła
2 łyżki mąki uniwersalnej
2 szklanki bulionu drobiowego lub warzywnego
1 szklanka kwaśnej śmietany
1 puszka (4 uncje) posiekanych zielonych papryczek chili
Sól dla smaku

Rozpuść masło w rondlu na średnim ogniu. Dodaj mąkę i mieszaj przez 1 minutę. Stopniowo dodawać bulion cały czas ubijając. Doprowadzić do wrzenia i zmniejszyć ciepło do niskiego poziomu. Dusić 10-15 minut, od czasu do czasu mieszając. Wymieszać z kwaśną śmietaną i zielonymi chilli. Gotuj przez 5 minut, ciągle mieszając. Dopraw solą do smaku.

84. Whisky Sos Chipotle Enchilada

2 łyżki oleju roślinnego
1 cebula, posiekana
3 ząbki czosnku, posiekane
2 łyżki sosu adobo
1 łyżeczka chili w proszku
1/2 łyżeczki kminku
2 szklanki bulionu drobiowego lub warzywnego
Sól dla smaku
2 łyżki whisky

Rozgrzej olej w rondlu na średnim ogniu. Dodaj cebulę i czosnek i gotuj, aż cebula będzie miękka, około 5 minut. Dodaj sos adobo, whisky, chili w proszku i kminek. Gotuj przez 1 minutę. Stopniowo dodawać bulion cały czas ubijając. Doprowadzić do wrzenia i zmniejszyć ciepło do niskiego poziomu. Dusić 10-15 minut, od czasu do czasu mieszając. Dopraw solą do smaku.

85. Wegański sos serowy z orzechami nerkowca

Porcje: 6 porcji

SKŁADNIKI:
- 1,5 szklanki orzechów nerkowca namoczonych i namoczonych przez noc
- ¾ szklanki wody
- ½ szklanki drożdży odżywczych
- 1 łyżka musztardy lub musztardy Dijon
- 3 łyżki soku z cytryny
- 1 łyżeczka wędzonej papryki
- ½ łyżki kurkumy
- 1 łyżka czosnku w proszku
- 1 łyżeczka soli
- 3 ząbki czosnku, obrane

INSTRUKCJE

a) Odcedź nerkowce, a następnie dodaj wszystkie składniki do blendera.

b) Miksuj na najwyższych obrotach, aż będzie kremowa i gładka.

86. świeża salsa pomidorowa

Porcja: 2 filiżanki

SKŁADNIKI:
- 5 dojrzałych pomidorów Roma lub śliwkowych, posiekanych
- 1 papryczka serrano, pozbawiona nasion i posiekana
- ¼ szklanki posiekanej czerwonej cebuli
- 1 ząbek czosnku, posiekany
- 1 łyżka posiekanej świeżej kolendry
- 1 łyżka świeżego soku z limonki
- ½ łyżeczki soli

INSTRUKCJE

a) W szklanej misce połącz wszystkie składniki i dobrze wymieszaj.

b) Przykryj i odstaw na 30 minut przed podaniem. Jeśli nie używasz od razu, przykryj i przechowuj w lodówce, aż będzie gotowy do użycia.

c) Ta salsa najlepiej smakuje, jeśli zostanie użyta tego samego dnia, w którym została zrobiona, ale odpowiednio przechowywana, zachowa świeżość do 2 dni.

87. Pikantna salsa z mango i czerwonej papryki

Porcje: 2½ filiżanki

SKŁADNIKI:
- 1 dojrzałe mango, obrane, pozbawione pestek i pokrojone w ¼-calowe kostki
- 1/3 szklanki posiekanej czerwonej cebuli
- 1 mała czerwona papryka, posiekana
- 1 mały jalapeño, wypestkowany i posiekany
- 2 łyżki posiekanej świeżej pietruszki lub kolendry
- 1 łyżka świeżego soku z limonki
- Sól

INSTRUKCJE

a) W szklanej misce połącz wszystkie składniki, dobrze wymieszaj, przykryj i odstaw na 30 minut przed podaniem. Jeśli nie używasz od razu, przechowuj w lodówce, aż będzie gotowy do użycia.

b) Ta salsa najlepiej smakuje, jeśli zostanie użyta tego samego dnia, w którym została zrobiona, ale odpowiednio przechowywana, zachowa świeżość do 2 dni.

88. Salsa Chipotle-Pomidorowa

Porcja: 2 filiżanki

SKŁADNIKI:
- 2 dojrzałe pomidory, posiekane
- 1/3 szklanki posiekanej czerwonej cebuli
- 1 chipotle z puszki w adobo
- ¼ szklanki posiekanej świeżej kolendry
- 2 łyżki świeżego soku z limonki
- ¼ łyżeczki soli

INSTRUKCJE
a) W szklanej misce połącz wszystkie składniki.
b) Chłodzenie do momentu użycia.
c) Odpowiednio przechowywany zachowuje świeżość do 2 dni.

89. Salsa Ananasowo-Papaja

Porcja: 3 filiżanki

SKŁADNIKI:
- 2 szklanki posiekanego świeżego ananasa
- 1 dojrzała papaja, obrana, pozbawiona nasion i pokrojona w ¼-calową kostkę
- ½ szklanki mielonej czerwonej cebuli
- ¼ szklanki posiekanej świeżej kolendry lub pietruszki
- 2 łyżki świeżego soku z limonki
- 1 łyżeczka octu jabłkowego
- 2 łyżeczki cukru
- ¼ łyżeczki soli
- 1 mała ostra czerwona papryczka chilli, pozbawiona nasion i posiekana

INSTRUKCJE
a) W szklanej misce połącz wszystkie składniki, dobrze wymieszaj, przykryj i odstaw w temperaturze pokojowej na 30 minut przed podaniem lub włożeniem do lodówki, aż będą gotowe do użycia.
b) Ta salsa najlepiej smakuje, jeśli zostanie użyta tego samego dnia, w którym została zrobiona, ale odpowiednio przechowywana, zachowa świeżość do 2 dni.

90. Salsa pomidorowa

Porcja: 1½ filiżanki

SKŁADNIKI:
- 5 pomidorów, obranych i posiekanych
- 1/3 szklanki posiekanej słodkiej żółtej cebuli
- 1/3 szklanki posiekanej świeżej kolendry
- 1 mały jalapeño, wypestkowany i posiekany
- 1 łyżka świeżego soku z limonki
- 1 łyżka całych kaparów plus 1 łyżeczka mielonych
- ½ łyżeczki soli

INSTRUKCJE

a) W szklanej misce połącz wszystkie składniki i dobrze wymieszaj.
b) Odstaw na 30 minut przed podaniem.
c) Odpowiednio przechowywany wytrzyma w lodówce do 2 dni.

91. Salsa Verde

Porcja: 1¼ filiżanki

SKŁADNIKI:
- 4 lub 5 pomidorów, obranych i grubo posiekanych
- 1 średnia szalotka, grubo posiekana
- 1 ząbek czosnku, posiekany
- 1 papryczka chili serrano, pozbawiona nasion i posiekana
- 1¼ szklanki świeżych liści kolendry
- 1 łyżka świeżego soku z limonki
- Szczypta cukru
- ½ łyżeczki soli
- 1/8 łyżeczki świeżo zmielonego czarnego pieprzu

INSTRUKCJE

a) W robocie kuchennym połącz pomidory, szalotkę, czosnek, chili (jeśli używasz), pietruszkę i kolendrę i pulsuj, aż zostaną drobno posiekane.

b) Dodaj pozostałe składniki i pulsuj, aż będą dobrze wymieszane, ale nadal będą miały grubą konsystencję.

c) Przenieś do szklanej miski, przykryj i odstaw w temperaturze pokojowej na 30 minut przed podaniem lub przechowuj w lodówce, aż będzie gotowy do użycia.

d) Odpowiednio przechowywany zachowuje świeżość do 2 dni.

92. Pieczona Czerwona Salsa

Porcja: 2 filiżanki

SKŁADNIKI:
- 15 uncji pokrojonych w kostkę pieczonych pomidorów, odsączonych
- 1 ząbek czosnku, grubo posiekany
- ½ szklanki białej cebuli, grubo posiekanej
- ¼ szklanki świeżych liści kolendry
- ½ średniego jalapeño, grubo posiekanego
- 1 łyżka soku z limonki
- ½ łyżeczki drobnej soli morskiej

INSTRUKCJE:
a) W robocie kuchennym zmiel czosnek, aby był drobno posiekany.
b) Dodaj pomidory i cały pozostały sok z puszki.
c) Dodaj cebulę, kolendrę, jalapeño, sok z limonki i sól.
d) Przetwarzaj mieszaninę, aż będzie w większości gładka i nie pozostaną żadne duże kawałki pomidora lub cebuli, w razie potrzeby zeskrobując boki.
e) Salsę podawaj od razu lub przechowuj na później.

93. Sos Pomidorowy Enchilada

1 łyżka oleju roślinnego
1 cebula, posiekana
3 ząbki czosnku, posiekane
1 funt pomidorów, obranych i posiekanych
1 papryczka jalapeño, pozbawiona nasion i posiekana
2 szklanki bulionu drobiowego lub warzywnego
1/4 szklanki posiekanej kolendry
Sól dla smaku

Rozgrzej olej w rondlu na średnim ogniu. Dodaj cebulę i czosnek i gotuj, aż cebula będzie miękka, około 5 minut. Dodaj pomidory i papryczki jalapeño. Gotuj przez 5 minut. Stopniowo dodawać bulion cały czas ubijając. Doprowadzić do wrzenia i zmniejszyć ciepło do niskiego poziomu. Dusić 10-15 minut, od czasu do czasu mieszając. Dodaj kolendrę i puree w blenderze lub robocie kuchennym. Dopraw solą do smaku.

94. Sos Pasilla Enchilada

2 papryczki chili pasilla, pozbawione łodyg i nasion
1 cebula, posiekana
3 ząbki czosnku, posiekane
1 łyżka oleju roślinnego
1 łyżeczka oregano
2 szklanki bulionu drobiowego lub warzywnego
Sól dla smaku

Podsmaż papryczki pasilla na suchej patelni na średnim ogniu, aż będą lekko zwęglone, około 1 minuty z każdej strony. Zdjąć z patelni i ostudzić. Dodaj papryki do blendera lub robota kuchennego i zmiksuj. Rozgrzej olej w rondlu na średnim ogniu. Dodaj cebulę i czosnek i gotuj, aż cebula będzie miękka, około 5 minut. Dodaj oregano i gotuj przez 1 minutę. Stopniowo dodawać bulion cały czas ubijając. Doprowadzić do wrzenia i zmniejszyć ciepło do niskiego poziomu. Dusić 10-15 minut, od czasu do czasu mieszając. Dodaj puree z papryczek pasilla i dopraw solą do smaku.

95. Sos Enchilada z trzema papryczkami

1 czerwona papryka, posiekana
1 zielona papryka, posiekana
1 papryczka jalapeño, pozbawiona nasion i posiekana
1 cebula, posiekana
3 ząbki czosnku, posiekane
1 łyżeczka chili w proszku
1/2 łyżeczki kminku
2 szklanki bulionu drobiowego lub warzywnego
Sól dla smaku

Rozgrzej olej w rondlu na średnim ogniu. Dodaj paprykę, jalapeño, cebulę i czosnek i gotuj, aż warzywa będą miękkie, około 5 minut. Dodać chili w proszku i kminek. Gotuj przez 1 minutę. Stopniowo dodawać bulion cały czas ubijając. Doprowadzić do wrzenia i zmniejszyć ciepło do niskiego poziomu. Dusić 10-15 minut, od czasu do czasu mieszając. Zmiksuj w blenderze lub robocie kuchennym. Dopraw solą do smaku.

96. Sos Ancho Enchilada

2 suszone papryczki chili ancho, pozbawione łodyg i nasion
1 cebula, posiekana
3 ząbki czosnku, posiekane
1 łyżka oleju roślinnego
1 łyżeczka oregano
2 szklanki bulionu drobiowego lub warzywnego
Sól dla smaku

Podsmaż papryczki ancho na suchej patelni na średnim ogniu, aż będą lekko zwęglone, około 1 minuty z każdej strony. Zdjąć z patelni i ostudzić. Dodaj papryki do blendera lub robota kuchennego i zmiksuj. Rozgrzej olej w rondlu na średnim ogniu. Dodaj cebulę i czosnek i gotuj, aż cebula będzie miękka, około 5 minut. Dodaj oregano i gotuj przez 1 minutę. Stopniowo dodawać bulion cały czas ubijając. Doprowadzić do wrzenia i zmniejszyć ciepło do niskiego poziomu. Dusić 10-15 minut, od czasu do czasu mieszając. Dodaj puree z papryczek ancho i dopraw solą do smaku.

97. Sos Guajillo Enchilada

2 suszone papryczki chili guajillo, pozbawione łodyg i nasion
1 cebula, posiekana
3 ząbki czosnku, posiekane
1 łyżka oleju roślinnego
1 łyżeczka kminku
2 szklanki bulionu drobiowego lub warzywnego
Sól dla smaku

Podsmaż papryczki guajillo na suchej patelni na średnim ogniu, aż będą lekko zwęglone, około 1 minuty z każdej strony. Zdjąć z patelni i ostudzić. Dodaj papryki do blendera lub robota kuchennego i zmiksuj. Rozgrzej olej w rondlu na średnim ogniu. Dodaj cebulę i czosnek i gotuj, aż cebula będzie miękka, około 5 minut. Dodaj kminek i gotuj przez 1 minutę. Stopniowo dodawać bulion cały czas ubijając. Doprowadzić do wrzenia i zmniejszyć ciepło do niskiego poziomu. Dusić 10-15 minut, od czasu do czasu mieszając. Dodaj puree z papryczek guajillo i dopraw solą do smaku.

98. Sos Mole Enchilada

- 2 suszone papryczki chili ancho, pozbawione łodyg i nasion
- 2 suszone papryczki chili pasilla, pozbawione łodyg i nasion
- 1 cebula, posiekana
- 3 ząbki czosnku, posiekane
- 1 łyżka oleju roślinnego
- 1/4 szklanki rodzynek
- 1/4 szklanki migdałów, posiekanych
- 1/4 szklanki nasion sezamu
- 1/4 łyżeczki cynamonu
- 1/4 łyżeczki goździków
- 1/4 łyżeczki ziela angielskiego
- 2 szklanki bulionu drobiowego lub warzywnego
- Sól dla smaku

Podsmaż ancho i papryczki pasilla na suchej patelni na średnim ogniu, aż będą lekko zwęglone, około 1 minuty z każdej strony. Zdjąć z patelni i ostudzić. Dodaj papryki do blendera lub robota kuchennego i zmiksuj. Rozgrzej olej w rondlu na średnim ogniu. Dodaj cebulę i czosnek i gotuj, aż cebula będzie miękka, około 5 minut. Dodać rodzynki, migdały, sezam, cynamon, goździki i ziele angielskie. Gotuj przez 1 minutę. Stopniowo dodawać bulion cały czas ubijając. Doprowadzić do wrzenia i zmniejszyć ciepło do niskiego poziomu.

Dusić 10-15 minut, od czasu do czasu mieszając. Dodaj puree z papryki i dopraw solą do smaku.

99. Sos Salsa Verde Enchilada

2 funty pomidorów, z usuniętymi łuskami
1 cebula, posiekana
3 ząbki czosnku, posiekane
1 papryczka jalapeño, pozbawiona nasion i posiekana
1/4 szklanki posiekanej kolendry
2 szklanki bulionu drobiowego lub warzywnego
Sól dla smaku

Umieść pomidory w dużym garnku i zalej wodą. Doprowadzić do wrzenia na dużym ogniu. Zmniejsz ogień do niskiego i gotuj na wolnym ogniu przez 10-15 minut, aż pomidory będą miękkie. Odcedź i ostudź. Dodaj pomidory do blendera lub robota kuchennego i zmiksuj. Rozgrzej olej w rondlu na średnim ogniu. Dodaj cebulę, czosnek i jalapeño i gotuj, aż cebula będzie miękka, około 5 minut. Dodaj kolendrę i gotuj przez 1 minutę. Stopniowo dodawać bulion cały czas ubijając. Doprowadzić do wrzenia i zmniejszyć ciepło do niskiego poziomu. Dusić 10-15 minut, od czasu do czasu mieszając. Dodaj puree z pomidorów i dopraw solą do smaku.

100. <u>Zielony Sos Chili Enchilada</u>

2 puszki (po 4 uncje każda) pokrojone w kostkę zielone chili
1 cebula, posiekana
3 ząbki czosnku, posiekane
1 łyżeczka kminku
2 szklanki bulionu drobiowego lub warzywnego
Sól dla smaku

Rozgrzej olej w rondlu na średnim ogniu. Dodaj cebulę i czosnek i gotuj, aż cebula będzie miękka, około 5 minut. Dodaj kminek i gotuj przez 1 minutę. Stopniowo dodawać bulion cały czas ubijając. Doprowadzić do wrzenia i zmniejszyć ciepło do niskiego poziomu. Dusić 10-15 minut, od czasu do czasu mieszając. Dodaj pokrojone w kostkę zielone chilli i dopraw solą do smaku.

WNIOSEK

Enchiladas to klasyczne i aromatyczne danie, które lubi wielu ludzi na całym świecie. Dzięki nieskończonym możliwościom nadzień, sosów i dodatków można je dostosować do dowolnych preferencji smakowych. Niezależnie od tego, czy wolisz nadzienie na bazie mięsa, czy opcję wegetariańską, każdy znajdzie przepis na enchilada. Więc następnym razem, gdy będziesz miał ochotę na obfity i satysfakcjonujący posiłek, rozważ przygotowanie pysznych enchiladas i pozwól swoim kubkom smakowym być zachwyconym.

www.ingramcontent.com/pod-product-compliance
Lightning Source LLC
Chambersburg PA
CBHW070413120526
44590CB00014B/1373